AF290807

Bibliografische Information der Deutschen Nationalbibliothek:

Die Deutsche Nationalbibliothek verzeichnet diese Publikation in der Deutschen Nationalbibliografie; detaillierte bibliografische Daten sind im Internet über http://dnb.d-nb.de abrufbar.

Impressum:

Copyright © 2016 Studylab

Ein Imprint der GRIN Verlag, Open Publishing GmbH

Druck und Bindung: Books on Demand GmbH, Norderstedt, Germany

Coverbild: ei8htz

Sebastian Weis

Die Auswirkungen staatlichen Schuldenmanagements in Europa auf die Entstehung von Finanzkrisen

Die konkreten Gefahren für unsere Euro-Währung und Altersvorsorge

2015

Inhaltsverzeichnis

Abkürzungsverzeichnis

AEUV	=	Vertrag über die Arbeitsweise der Europäischen Union
ABS	=	Asset Backed Securities
BIP	=	Bruttoinlandsprodukt
BRD	=	Bundesrepublik Deutschland
CDS	=	Credit Default Swap
EFSF	=	European Financial Stability Facility
ESM	=	European Stability Mechanism
EU	=	Europäische Union
EUR/CHF	=	Wechselkurs Euro / Schweizer Franken
EUR/GBP	=	Wechselkurs Euro / Britisches Pfund Sterling
EUR/USD	=	Wechselkurs Euro / U.S. Dollar
EWU	=	Europäische Währungsunion
EZB	=	Europäische Zentralbank
GG	=	Grundgesetz
PIIGS	=	Portugal, Irland, Italien, Griechenland, Spanien
LTRO	=	Longer-Term Refinancing Operations
OECD	=	Organisation für wirtschaftliche Zusammenarbeit und Entwicklung
QE	=	Quantitative Easing
SMP	=	Securities Markets Programme
Target 2	=	Trans-European Automated Real-time Gross Settlement Express Transfer System
U.S.	=	Vereinigte Staaten (von Amerika)

Abbildungsverzeichnis

Tabellenverzeichnis

Tabelle 1:

Defizite / Überschüsse ausgewählter Staaten (in % des BIP)

Tabelle 2:

Staatsanleihen in den Bilanzen deutscher Bankengruppen

Tabelle 3:

Zinsbindungsfrist des Bundes und seiner Sondervermögen

Tabelle 4:

Renditen und Ratings von Staatsanleihen der Eurozone

1. Einleitung

Die Geschichte der Europäischen Union ist von politischer und wirtschaftlicher Integration geprägt, die über eine gemeinsame Regulierung zu einer starken Verbindung der europäischen Volkswirtschaften führen sollte (Choudhry, Jayasekera und Kling (2014)). Die Folgen der Finanzkrise konfrontierten die Euroländer mit der größten Rezession seit den 1930er Jahren und ließen die durchschnittliche Wirtschaftsleistung um knapp 4% sinken (Europäische Kommission (2009)). Diese Bewährungsprobe zeigte, dass der gemeinsame Euro-Währungsraum vergleichsweise große Probleme mit der nachhaltigen Krisenbewältigung hat. Vielmehr scheint es als befinde sich Europa in einer kontinuierlichen Krise, die nicht endgültig gelöst, sondern nur in neue Krisen transformiert werden kann. So löste die Subprimekrise in den USA auch eine Vertrauens- und Liquiditätskrise bei europäischen Banken aus. Staatliche Interventionen beruhigten zwar die Finanzkrise, legten damit aber gleichzeitig den Grundstein für die aktuelle Staatsschuldenkrise in Europa.

Diese Thesis soll die Ursachen und Zusammenhänge der Staatsschuldenkrise im Euroraum aufdecken und näher untersuchen. So stellt sich u.a. die Frage, warum die Verschuldung der meisten Euro-Staaten kontinuierlich ansteigt, obwohl die Staatsausgaben reduziert und die Nettoneuverschuldung durch Gesetze beschränkt wurde. Dies ist insofern relevant, da auch die Bonität eines Landes durch die Schuldenstandsquote, d.h. der Schuldenstand im Verhältnis zum BIP, maßgeblich mitbestimmt wird (Frankfurter Allgemeine Zeitung (2012)). Wie die Erfahrungen aus den europäischen Peripherieländern zeigen, hat eine staatliche Überschuldung bzw. Zahlungsunfähigkeit massive Konsequenzen für die gesamte Wirtschaft, den Finanzsektor, die Beschäftigung und den Wohlstand der EU Bürger sowie für die Staatsfinanzierung und Staatsanleihen-Investoren. Um nachhaltige Lösungen gegen die Schuldendynamik zu finden, müssen daher zuerst die komplexen Beziehungen zwischen den verschiedenen Sektoren herausgearbeitet werden. Diese Thesis wird sich daher intensiv mit der Hypothese beschäftigen, dass der Staat, der Bankensektor und das Wirtschaftswachstum über mannigfaltige Wege miteinander verbunden sind und eine nachhaltige Aufhebung der Schuldenfalle nur möglich ist, wenn alle drei Bereiche stabilisiert werden konnten. Von besonderer Bedeutung wird hierbei auch die zunehmende Verflechtung zwischen den heterogenen Mitgliedsländern des Euroraums sein. So liegt die Vermutung nahe, dass die homogene Geldpolitik und der Risikotransfer über supranationale Institutionen eine gemeinsame Stabilisierung des Währungsraums zusätzlich erschwert.

Umso wichtiger erscheint es, dass Indikatoren zur Risikobeurteilung eines Staates von hoher Qualität sind und verlässliche Ergebnisse liefern. Eine nähere Untersuchung von Ratings, CDS Spreads und Anleiherenditen wird versuchen Belege zu finden, dass ihre Risikoeinschätzung zu abweichenden Ergebnissen kommt und jedes der Messinstrumente eigene Vorteile als auch Nachteile mit sich bringt.

Eine kapitalmarktorientierte Sichtweise dieser Arbeit soll helfen das staatliche Schuldenmanagement zu analysieren und ggf. Vorschläge für eine Optimierung herauszuarbeiten. Schon Walter Wriston kam zu dem Ergebnis "All of life is the management of risk, not its elimination" (Wriston (1983)). Von besonderem Interesse ist daher welche Möglichkeiten bestehen, um die staatliche Kreditaufnahme strategisch zu positionieren und ob Finanzierungskosten eingespart werden können, wenn vertretbare Risiken eingegangen werden. Eine Reduzierung des Zinsaufwands könnte den Staatshaushalt entlasten und somit die Wahrscheinlichkeit einer steigenden Nettoneuverschuldung verringern.

Der geographische Fokus dieser Arbeit soll innerhalb der Eurozone insbesondere auf Deutschland liegen, da sie als größte Volkswirtschaft, als größter absoluter Schuldner und AAA Stabilitätsanker die Zukunft der Europäischen Währungsunion maßgeblich mitbestimmen wird.

2. Rechtliche Restriktionen der Staatsverschuldung

2.1 Vertrag von Maastricht

Die EU Mitgliedsstaaten haben sich 1992 im sogenannten Vertrag von Maastricht dazu entschlossen Konvergenzkriterien einzuhalten, die den gemeinsamen Wirtschaftsraum harmonisieren und stabilisieren sollten. 1997 wurde mit dem Stabilitäts- und Wachstumspakt ein strengerer Umgang mit den Konvergenzkriterien vereinbart (Bofinger (2007)). Neben Regelungen zu Inflation, Wechselkurse und langfristigen Zinssätzen fordern die Konvergenzkriterien im Vertrag über die Arbeitsweise der Europäischen Union, Artikel 140, Absatz 1 "[...] eine auf Dauer tragbare Finanzlage der öffentlichen Hand, ersichtlich aus einer öffentlichen Haushaltslage ohne übermäßiges Defizit im Sinne des Artikels 126 Absatz 6; [...]" (AEUV (2013)). Das Protokoll über das Verfahren konkretisiert, dass die Anforderung an die Haushaltsdisziplin nicht erfüllt ist, wenn das Verhältnis des geplanten oder tatsächlichen öffentlichen Defizits zum BIP den Referenzwert von 3% überschreitet oder das Verhältnis des öffentlichen Schuldenstands zum BIP den Referenzwert von 60% überschreitet (EZB (2014b)). Beide Referenzwerte sind Durchschnittswerte des Jahres 1990 und somit kein Ergebnis einer wissenschaftlich fundierten Analyse über die Tragfähigkeit der öffentlichen Verschuldung. Sollte ein Land die Budgetgrenzen überschreiten, wird es zunächst verwarnt. Findet keine Korrektur des übermäßigen Defizits statt, kann das Land verpflichtet werden eine unverzinsliche Einlage bei der EZB zu hinterlegen, die später auch in eine Geldstrafe umgewandelt werden kann (Bofinger (2007)). Schoders Untersuchung kommt zu dem Ergebnis, dass die Konvergenzkriterien bei den Euroländern im Durchschnitt zu einem nachhaltigen Umgang mit der Akkumulation von Schulden beigetragen haben, während die Staatsverschuldung in anderen Währungsgebieten den Pfad der Nachhaltigkeit verlassen hat (Schoder (2014)).

Ergänzend zu den Konvergenzkriterien regelt Artikel 125 im Vertrag über die Arbeitsweise der Europäischen Union, dass die Union und ihre Mitgliedsstaaten nicht für die Verbindlichkeiten von anderen Mitgliedstaaten haften und nicht für derartige Verbindlichkeiten eintreten (AEUV (2015)).

Zusammenfassend lässt sich feststellen, dass die Länder rechtliche Vorkehrungen getroffen haben, um ein Minimum an fiskalischer Disziplin sicherzustellen und einer Destabilisierung durch Ungleichgewichte in den öffentlichen Finanzen vorzubeugen (Brender, Pisani und Gagna (2012)).

2.2 Schuldenbremse

In Deutschland sollte mit Artikel 109, Absatz 3 im Grundgesetz die Nettoneuverschuldung durch eine Schuldenbremse beschränkt werden: "Die Haushalte von Bund und Ländern sind grundsätzlich ohne Einnahmen aus Krediten auszugleichen. [...]". Ausnahmen dieser Regelungen gelten für Bund und Länder in besonderen konjunkturbedingten Krisen, bei Naturkatastrophen oder außergewöhnlichen Notsituationen, die sich der Kontrolle des Staates entziehen und die staatliche Finanzlage erheblich beeinträchtigen. Bei Inanspruchnahme der Ausnahmeregelungen ist laut Gesetz eine entsprechende Tilgungsregelung vorzusehen (Grundgesetz (2009a)). Auch ohne diese Ausnahmezustände darf der Bund regelmäßig bis zu 0,35% des nominalen BIP pro Jahr als Nettoneuverschuldung aufnehmen (Brender, Pisani und Gagna (2012)). Artikel 115, Absatz 2 des Grundgesetzes regelt auch, dass Abweichungen der tatsächlichen Kreditaufnahme von der zulässigen Kreditobergrenze auf einem Kontrollkonto erfasst werden müssen und Belastungen, die den Schwellenwert von 1,5 % im Verhältnis zum nominalen Bruttoinlandsprodukt überschreiten konjunkturgerecht zurückzuführen sind (Grundgesetz (2009b)).

Hetschko, Quint und Thye veröffentlichten die kritischen Ergebnisse ihres Diskussionspapiers zur Schuldenbremse am 23. November 2012 in der Frankfurter Allgemeine Zeitung. Es sei demnach fraglich, ob die im Gesetz aufgeführten Regeln dauerhaft zu einer geringeren Nettoneuverschuldung oder gar Schuldentilgung führen würden. So greift die Regelung für den Bund erst ab dem Jahr 2016, für die Bundesländer erst ab 2020 und für die Sozialversicherung und Kommunen überhaupt nicht. Eine Verschiebung der staatlichen Fremdkapitalfinanzierung zu Lasten der Sozialversicherung und den kommunalen Haushalten ist daher denkbar. Weitere Aufweichungen des Gesetzes könnten bei der Berechnung der konjunkturbedingt zulässigen Verschuldung entstehen, die zahlreiche statistische Messverfahren anerkennt, welche sich in ihren Ergebnissen erheblich unterscheiden. Die Auswahl des passenden Messverfahrens, um die Abweichung des BIP vom langfristigen konjunkturellen Trend einer Volkswirtschaft zu ermitteln, kann hierbei nach Belieben von der Regierung gewechselt werden und so die maximal zulässige Verschuldungshöhe mitbestimmen.

Auch der langfristige konjunkturelle Trend einer Volkswirtschaft, welcher der Methodik zugrunde liegt, kann sich im Laufe der Jahrzehnte verändern. So verlangsamte sich das Wachstum vieler westeuropäischer Staaten in den siebziger Jahren im Vergleich zu den fünfziger und sechziger Jahren. Erst Jahre später kann diese langfristige Trendänderung bestätigt werden, sodass Berechnungen in den Jahren zuvor mit fehlerhaften Parametern durchgeführt wurden.

Unter die Schuldenbremse fallen keine Zahlungen aufgrund von Unternehmensbeteiligungen. Sofern der Staat also ein privates Unternehmen erwirbt, um z.B. die angestellten Mitarbeiter vor Insolvenz und anschließender Arbeitslosigkeit zu schützen, wird der eventuell kreditfinanzierte Kaufpreis nicht von der Schuldenbremse erfasst oder verboten. Offen ist auch die Definition einer Notsituation und der Umgang mit möglichen Vermeidungsstrategien zur Aufstellung eines Tilgungsplans. Faktisch sind keine Sanktionen im Gesetz festgehalten, die vom Bundesverfassungsgericht genutzt werden könnten, um der dauerhaften Verletzung der Schuldenbremse Einhalt zu gebieten. Zusammenfassend ist festzustellen, dass sich der Leitgedanke der Schuldenbremse durch viele Faktoren ausheben und manipulieren lässt. Verbesserungspotential besteht durch eine Begrenzung der gesamten öffentlichen Kreditaufnahme, ein von der Regierung möglichst unabhängiges Verfahren zur Konjunkturbereinigung sowie die Begrenzung bzw. Einbeziehung der Kreditaufnahme zur Finanzierung von Unternehmensbeteiligungen. Weiterhin fehlen verbindliche Tilgungsfristen für Kredite aus Notsituationen sowie ein Anreiz- bzw. Sanktionsmechanismus gegen die Vernachlässigung der Schuldenbremse (Frankfurter Allgemeine Zeitung (2012)). Der Erfolg jüngster Konsolidierungspolitik kann überschätzt erscheinen, wenn das kontinuierlich gesunkene Zinsniveau und die somit gefallene Zinslast der Bundesrepublik berücksichtigt werden. Bei einer Normalisierung des Zinsniveaus würde sich sukzessive ein erheblicher Konsolidierungsbedarf aus der Schuldenbremse ergeben (Boysen-Hogrefe (2012)).

3. Wechselwirkung und Rahmenbedingungen der Staatsverschuldung

3.1 Haushaltergebnis und absoluter Schuldenstand

Die Differenz zwischen den staatlichen Einnahmen (T) und Ausgaben (G) innerhalb eines Jahres wird Primärhaushalt (T_t - G_t) genannt, wenn die zu zahlenden Schuldzinsen bei den Ausgaben nicht berücksichtigt werden. Der Saldo des Primärhaushalts gibt Auskunft darüber, wie viele freie Steuermittel dem Staat zur Verfügung stehen, um dem Kapitaldienst an seine Kreditgeber nachzukommen (Brender, Pisani und Gagna (2012)). Wenn die jährlichen Ausgaben (G) die Einnahmen des Staates (T) übersteigen, entsteht ein Haushaltsdefizit. Dieser jährliche Fehlbetrag wird über Kredite finanziert und erhöht den bisherigen Schuldenstand (B_{t-1}) kontinuierlich bis er durch zukünftige Haushaltsüberschüsse abgetragen werden kann (Kokert, Schäfer und Stephan (2014)). Ein negativer Primärsaldo (T_t - G_t) und die Verzinsung ($1+i_t$) der alten Staatsschulden (B_{t-1}) führen folglich zu noch höheren Staatsschulden im kommenden Jahr (B_t). Anselmann (2012) beschreibt die Gleichungen wie folgt:

$$\text{Nominale Staatsverschuldung (zum Zeitpunkt t)} = B_t$$
$$= (1+i_t)\, B_{t-1} - (T_t - G_t)$$

Nach Brender, Pisani und Gagna (2012) verändern sich die Schulden nicht, wenn der primäre Haushaltsüberschuss exakt den zu zahlenden Zinsen entspricht, also (T_t - G_t) = $i_t B_{t-1}$. Mit zunehmender Verschuldung steigen jedoch ceteris paribus auch die jährlichen Zinsausgaben. Diese nehmen im Laufe der Jahre einen immer größeren Anteil im Haushalt ein, sodass die dazu verwendeten Haushaltsmittel nicht mehr für die Finanzierung von Primärausgaben verwendet werden können. Um die Primärausgaben auf konstantem Niveau zu halten, muss sich der Staat also immer stärker verschulden. Werden keine Steuererhöhung oder Primärausgabensenkungen vorgenommen, schränkt sich der Handlungsspielraum zunehmend ein bis der Staatsetat komplett aus Zinszahlungen besteht (Anselmann (2012)).

Länder, die zur Schuldenfinanzierung mehr Kapital importieren als exportieren, geraten durch diese Nettoschuldnerposition gegenüber dem Ausland zwangsläufig in die Abhängigkeit der internationalen Kapitalmärkte. Politische Instabilitäten, hohe Staatsschulden oder Spekulationen können einen Vertrauensverlust und folglich eine Kapitalflucht der Investoren auslösen, die gesamtwirtschaftliche Konsequenzen hat (Anselmann (2012)). Dies wird umso bedenklicher, wenn man die rasante Entwicklung der globalen Auslandsverschuldung von 2 Billionen USD im Jahr 2000 zu 60 Billionen USD im Jahr 2011 vergleicht. Das entspricht einer Schuldenstandsquote von 4,57 % zu 72,5 % des globalen BIP (Chakrabarti und Zeaiter (2014)). Die Schuldentragfähigkeit eines Staates hängt jedoch nicht nur von der Schuldenhöhe gegenüber dem Ausland ab, sondern auch davon, ob die Verschuldung in der Eigen- oder Fremdwährung erfolgte. Auslandsschulden in eigener Währung können theoretisch durch die Geldschöpfung der eigenen Notenbank zurückgezahlt werden. Trotz der hohen Gefahr inflatorischer Entwicklungen ist die Rückzahlung von staatlichen Verbindlichkeiten in eigener Währung prinzipiell mit keinem Liquiditätsrisiko verbunden. Wird jedoch ein Großteil der Kredite in Fremdwährungen aufgenommen, müssen dessen Zins- und Tilgungszahlungen mit Devisen erbracht werden, die von der eigenen Notenbank nicht geschaffen werden können (Anselmann (2012)).

Die maximale Schuldentragfähigkeit eines Staates ergibt sich aus der Summe der diskontierten, maximalen Haushaltsüberschüsse aller zukünftigen Perioden (Bi und Traum (2012)). Vereinfacht ausgedrückt ist dies die maximale Summe an Steuern, die zukünftige Generationen jedes Jahr an den Staat zahlen wollen oder können (Brender, Pisani und Gagna (2012)).

3.2 Relativer Schuldenstand

Die Betrachtung absoluter Verschuldungswerte hat wenig Aussagekraft, da sie die Größe des Landes und somit ihre Rückzahlungswahrscheinlichkeit nicht berücksichtigt. Um die Tragfähigkeit der Schuldenlast einschätzen zu können, bedarf es neben der nominalen Staatsverschuldung zusätzlich der Wirtschaftskraft (Anselmann (2012)). Das Bruttoinlandsprodukt misst als periodenbezogener Produktionsindikator die gesamte Produktion von Waren und Dienstleistungen im Inland nach Abzug der Vorleistungen (Piekenbrock (2002)). Es eignet sich daher als Basis für staatliche Steuereinnahmen, die letztendlich die Erbringung des Schuldendienstes ermöglichen. Die relative Kennzahl der Schuldenstandsquote ist die Division der Schuldenhöhe durch das nominale BIP (Anselmann (2012)).

Die Schuldenstandsquote des aktuellen Jahres (Schulden$_t$/BIP$_t$) ist das Produkt der Verschuldungsquote des letzten Jahres (Schulden$_{t-1}$/BIP$_{t-1}$) und dessen jeweiliger Wachstumsraten im Zähler (1+d) und Nenner (1+r). Die Bruttoschulden des letzten Jahres vermehrten sich um die Wachstumsrate d. Die nominale Wirtschaftsleistung des letzten Jahres erhöhte sich um die Wachstumsrate r, die eine Funktion aus der realen Wachstumsrate (r^{real}) und der Inflationsrate (IF) ist (Kokert, Schäfer und Stephan (2014)).

$$\text{Schuldenstandsquote} \quad = \quad \frac{\text{Schulden}_t}{\text{BIP}_t} = \frac{(1+d) * \text{Schulden}_{t-1}}{(1+r) * \text{BIP}_{t-1}}$$

$$\text{Wachstumsrate der Bruttoschulden} \quad = d \quad = \frac{\text{Primärsaldo} + \text{Kreditzinsen}_t}{\text{Schuldenstand}_{t-1}}$$

$$\text{Wachstumsrate des BIP} \quad = r \quad = f(r^{real}, \text{IF})$$

Bei Annahme sonst konstanter Variablen steigt die Quote von Staatsverschuldung zu nominalen BIP, wenn sich die Haushaltsdefizite vergrößern, der durchschnittliche Schuldzins steigt, das reale Wirtschaftswachstum abnimmt oder die Inflationsrate sinkt (Kokert, Schäfer und Stephan (2014)). Wenn der Primärsaldo null ist, entspricht die Wachstumsrate der Bruttoschulden dem durchschnittlichen Zinssatz auf den Schuldenstand $_{t-1}$ (Kokert, Schäfer und Stephan (2014)). Trotz ausgeglichenem Haushalt steigt das Schulden/BIP Verhältnis auch dann, wenn der Zinssatz der Schulden die Wachstumsrate der Wirtschaft übersteigt (Shambaugh (2012)). Umgedreht kann eine nominale BIP-Wachstumsrate, die höher als der durchschnittliche Kreditzinssatz ist, sogar das Schulden/BIP Verhältnis senken, obwohl ein primäres Haushaltsdefizit besteht (Brender, Pisani und Gagna (2012)).

Die staatliche Verschuldung wird von vielen als stabil angesehen, wenn sich die Schuldenstandsquote nicht verschlechtert. Dies impliziert, dass staatliche Schulden höchstens in der gleichen Geschwindigkeit wachsen wie das Einkommen der Steuerzahler. Sollte es also heute möglich sein einen primären Haushaltsüberschuss zu erzielen, um die Kreditzinsen zu zahlen, so kann bei einer unveränderten Schuldenstandsquote unterstellt werden, dass dies auch zukünftig möglich sein sollte (Brender, Pisani und Gagna (2012)).

Andererseits ist auch die Höhe der Schuldenstandsquote für die Nachhaltigkeit der Staatsfinanzen von Bedeutung. Sollte das Wachstum sinken ohne von niedrigeren Zinsen kompensiert zu werden, müssten Ausgabensenkungen oder Steuererhöhungen umso radikaler ausfallen, je höher der Schuldenstand ist (Brender, Pisani und Gagna (2012)). Selbst kleine Schocks könnten sofort zu einer Fiskalkrise führen, wenn Investoren das Vertrauen in eine Rückzahlung der Schulden verloren haben (Escolano (2010)). Reinhart und Rogoff (2010b) untersuchten 20 entwickelte Staaten zwischen 1946 und 2009 und kamen zu dem Ergebnis, dass Staaten mit einer Schuldenstandsquote von mehr als 90% im Durchschnitt um einen Prozentpunkt langsamer wachsen als solche Staaten mit geringeren Schuldenstandsquoten. Chadha, Turner und Zampolli (2013) fanden heraus, dass die Zunahme des amerikanischen Schulden/BIP Verhältnisses um einen Prozentpunkt den Forward Zinssatz in den Vereinigten Staaten zeitversetzt um circa zwei Basispunkte ansteigen lässt.

3.3 Inflation

Sollten die Staaten kontinuierlich scheitern eine Lösung für ihre Fiskalprobleme zu finden, werden die Marktteilnehmer eine höhere Inflation erwarten (Chadha, Turner und Zampolli (2013)). Die Zentralbanken können durch ein Wachstum der Geldmenge die reale Kaufkraft des Geldes mindern und so das allgemeine Preisniveau erhöhen. Der reale Wertverlust wird dabei umso größer, je schneller das Geldangebot im Vergleich zur Geldnachfrage wächst. Hohe Zinsen reduzieren die Geldnachfrage und Inflation während niedrige Zinsen die Geldnachfrage und Inflation fördern sollte (Lemieux (2013)). Auch die Rentenmärkte können genutzt werden, um ein zu schnelles Geldmengenwachstum zu dämpfen. Die Regierung des Vereinigten Königreichs emittierte zwischen 1978 und 1984 mehr langlaufende Staatsanleihen als sie für die Finanzierung benötigte. Mit dem Verkauf von Staatsanleihen an Nichtbanken sollte Geldvermögen in Höhe von 5% des BIPs aus dem Markt gezogen werden, weil eine solche Vorgehensweise zur Dämpfung der Inflation effektiver erschien als ein Anheben der Zinsen (Chadha, Turner und Zampolli (2013)).

Bei einer intakten Lohn-Preis-Spirale werden höhere Preise aber auch zu höheren Nominaleinkommen führen. Je größer das Wachstum des nominalen Einkommens, desto einfacher wird es sein der hohen nominalen Steuerschuld nachzukommen (Brender, Pisani und Gagna (2012)). Während die reale Schuldenbelastung für den Staat sinkt, erleidet der Kreditgeber einen realen Wertverlust (Lemieux (2013)). Eine Preissteigerung kann somit die letzte Möglichkeit darstellen die intertemporale Budgetrestriktion einzuhalten und den staatlichen Zahlungsverpflichtungen nachzukommen (Chadha, Turner und Zampolli (2013)).

Die Kurse von Anleihen sind die diskontierte Summe ihrer zukünftigen Cash Flows. Unter der Annahme, dass kein Ausfallrisiko besteht und die Kuponzahlungen sicher prognostiziert werden können, wird der Anleihepreis hauptsächlich von dem Diskontsatz bestimmt. Eine steigende Inflationserwartung erhöht den Abzinsungssatz und führt folglich zu niedrigeren Kursen und zu höheren Anleiherenditen (Li (2002)). Chadha, Turner und Zampolli (2013) kamen zu dem Ergebnis, dass eine Erhöhung der langfristigen Inflationserwartung um 1%, die Zinskosten 10-jähriger Staatsanleihen um ebenfalls einen Prozentpunkt verteuert.

3.4 Zielkonflikte von Ausgabenkürzungen

Während der Finanzkrise hatten 85% der untersuchten Banken ein schlechteres Rating als ihr Herkunftsland. Das durchschnittliche Bankrating ist um zwei Notches schlechter als das durchschnittliche Länderrating (Alsakka, ap Gwilym und Vu (2014)). Für die meisten guten Emittenten stellt das schlechte Länderrating ihres Heimatlandes eine Hürde dar, die ihnen ein besseres Rating trotz solider Finanzlage verwehrt. Dass die Sovereign-Rating Obergrenze nicht überschritten werden darf, erklärt sich durch die fiskalpolitische Macht, Steuersätze und Transferzahlungen festsetzen zu können, die untergeordnete Gebietskörperschaften und Unternehmen direkt in ihrem Erfolg beeinflussen (Bolte (2005)). Folglich führen hohe Risikoaufschläge des Staates zu hohen Finanzierungskosten der heimischen Wirtschaft, da Unternehmen i.d.R. kein besseres Rating als ihr Land haben. Möchte ein Land sich und seine Wirtschaft von hohen Zinskosten entlasten, muss es durch reduzierte Ausgaben bzw. gesteigerte Einnahmen sein Rating verbessern.

Die Reduzierung staatlicher Ausgaben verringert die gesamtwirtschaftliche Nachfrage, sodass die Wirtschaftsleistung schrumpft. Während die Steuereinnahmen sinken, erhöhen sich die staatlichen Ausgaben aufgrund steigender Arbeitslosigkeit. Obwohl der Staat sein Defizit abbauen wollte, verschlechtert sich sein Schulden/BIP Verhältnis im Zähler und im Nenner (Kokert, Schäfer und Stephan (2014)). Je länger eine Konsolidierung der Staatsfinanzen hinausgezögert wurde, desto gravierender sind ihre Folgen. Während Deutschland und Frankreich 2010 bis 2011 nur moderate Budgetanpassungen vornehmen mussten, blieb auch ihr Wirtschaftswachstum auf annehmbarem Niveau. Die Anstrengungen Spaniens, Portugals und Irlands waren signifikant und ließen ihre Wirtschaft stagnieren. Die Einschnitte im griechischen Staatshaushalt waren hingegen so groß, dass die Wirtschaftsleistung innerhalb von zwei Jahren um mehr als 10 Prozent sank.

Eine Verbesserung der Staatsfinanzen durch Ausgabenkürzung zu erreichen, wird umso schwerer, je mehr Staaten innerhalb der Währungsgemeinschaft die gleiche Strategie verfolgen. Die gleichzeitige Reduzierung von inländischer und ausländischer Staatsnachfrage trifft die Wirtschaft doppelt und vermindert die Steuereinnahmen zur Konsolidierung der Staatsfinanzen. So gehen ein Drittel der Exporte Portugals nach Spanien und ein Drittel der Exporte Griechenlands nach Osteuropa. Beide Regionen werden in naher Zukunft vermutlich unter einem niedrigeren Wachstum leiden als in den Zeiten vor der Finanzkrise (Brender, Pisani und Gagna (2012)).

3.5 Zielkonflikte von Steuererhöhungen

Auch die Erhöhung des Steuersatzes muss nicht zwingend zu höheren Steuereinnahmen führen. Einerseits führt eine gestiegene Einkommenssteuer zu geringeren Nettoeinkommen, folglich zu geringerem Konsum der privaten Haushalte und letztendlich zu sinkenden Umsatzsteuer- und Körperschaftsteuereinnahmen des Staates. Andererseits besagt die Laffer Kurve, dass eine Steuererhöhung von einem ohnehin hohen Ausgangsniveau die Steuereinnahmen senken kann, da die Steuerzahler nicht mehr bereit sind zusätzliche Abgaben zu zahlen und somit nach Möglichkeiten der Steuervermeidung suchen. Eine Steuererhöhung von einem niedrigen Ausgangsniveau erscheint weniger bedenklich zur Steigerung der Staatseinnahmen (Bi und Traum (2012)). Trabandt und Uhlig (2011) prognostizieren die maximalen Mehreinnahmen der EU-14 Staaten auf acht Prozent aus der Erhöhung der Lohnsteuer und einem Prozent aus der Kapitalertragsteuer. Daneben stellt sich auch die Frage, ob eine Steuererhöhung in Krisenzeiten überhaupt politisch umsetzbar ist, wie die wütenden Protestanten in den PIIGS Staaten bewiesen (Bi und Traum (2012)).

Krisenstaaten brauchen daher nachhaltiges Wirtschaftswachstum und steigende Steuereinnahmen, um ihre Stabilitätsprobleme zu lösen (Shambaugh (2012)). Beispielsweise zeigen Volkswirtschaften mit hoher Innovationsleistung eine geringere Reaktion auf negative Wirtschaftsnachrichten in Krisenzeiten. Innovationen schaffen Wettbewerbsvorteile, die Unternehmen gerade im schwierigen wirtschaftlichen Umfeld stabilisieren und somit das Investoren Vermögen schützen (Adcock et al. (2014)). Kapitalgeber haben daher in Krisenzeiten einen geringeren Anreiz ihr Vermögen abzuziehen.

4. Entwicklung der Verschuldung in den Euroländern

4.1 Staaten

Die Möglichkeit einer staatlichen Kreditaufnahme ist notwendig, um Steuersätze zu glätten. Ohne Kredite müssten volatile Staatsausgaben unverzüglich über Steuereinnahmen finanziert werden, sodass sich Steuersätze jedes Jahr stark verändern würden (Nosbusch (2008)). Staatliche Investitionen sollten bewusst über Kredite finanziert werden, um nicht nur den langfristigen Nutzen, sondern auch die hohen Kosten intertemporal verteilen zu können (Anselmann (2012)). Die Notwendigkeit von temporären Schulden bedeutet nicht, dass sie auch langfristig Vorteile bieten. Vielmehr sollte in Zeiten von Wohlstand und Wirtschaftsstärke ein möglichst großer Anteil der aufgelaufenen Schulden wieder abgebaut werden (Aldrich (1949)).

Vor Einführung der Währungsunion bewiesen die Euro-Kandidatenländer eine beachtliche Reduzierung ihrer Haushaltsdefizite und Schuldenstandsquoten. Nach ihrem Beitritt zur Eurozone wurden die Länder angehalten ihre Konsolidierung fortzuführen. Obwohl dies scheiterte, wurde die anschließende Einleitung des Defizitverfahrens gegen Portugal, Deutschland, Frankreich und die Niederlande jedoch letztendlich eingestellt. Griechenland meldete falsche Daten an die EU, schönte somit sein Defizit und erreichte damit ebenfalls ein Aussetzen seines Verfahrens. Der EU Kommission fehlte es an Druckmöglichkeiten (Brender, Pisani und Gagna (2012)). Die Nichtbeachtung wesentlicher Vorschriften des Maastricht-Vertrages ließ die Schuldenkrise in einigen Ländern überhaupt erst entstehen (Deutsche Bundesbank (2013)).

	2002	2003	2004	2005	2006	2007	2008	2009	2010	2011	2012	2013
Luxemburg	2,3	0,6	-1	0,2	1,4	4,2	3,3	-0,5	-0,6	0,3	0,1	0,6
Niederlande	-2,1	-3	-1,8	-0,3	0,2	0,2	0,2	-5,5	-5	-4,3	-4	-2,3
Deutschland	-3,9	-4,1	-3,7	-3,3	-1,5	0,3	0	-3	-4,1	-0,9	0,1	0,1
Irland	-0,3	0,4	1,4	1,6	2,8	0,2	-7	-13,9	-32,4	-12,6	-8	-5,7
Spanien	-0,4	-0,4	0	1,2	2,2	2	-4,4	-11	-9,4	-9,4	-10,3	-6,8
Italien	-3,1	-3,4	-3,6	-4,2	-3,6	-1,5	-2,7	-5,3	-4,2	-3,5	-3	-2,8
Zypern	-4,1	-6	-3,8	-2,2	-1,1	3,2	0,9	-5,6	-4,8	-5,8	-5,8	-4,9
Großbritannien	-2	-3,4	-3,6	-3,5	-2,9	-3	-5,1	-10,8	-9,6	-7,6	-8,3	-5,8
Frankreich	-3,1	-3,9	-3,5	-3,2	-2,3	-2,5	-3,2	-7,2	-6,8	-5,1	-4,9	-4,1
Ø 18 Euroländer									-6,1	-4,1	-3,6	-2,9
Portugal	-3,3	-4,4	-6,2	-6,2	-4,3	-3	-3,8	-9,8	-11,2	-7,4	-5,5	-4,9
Griechenland					-6,1	-6,7	-9,9	-15,2	-11,1	-10,1	-8,6	-12,2

Tabelle 1:
Defizite / Überschüsse ausgewählter Staaten (in % des BIP)

Länder absteigend sortiert nach der Anzahl von Jahren in denen das Defizitkriterium seit 2002 eingehalten wurde. Grüne Felder signalisieren einen Finanzierungssaldo bis maximal -3% des BIP. Rote Felder signalisieren eine Überschreitung des Defizitkriteriums aus dem Vertrag von Maastricht.

Quelle: Eurostat (2015b)

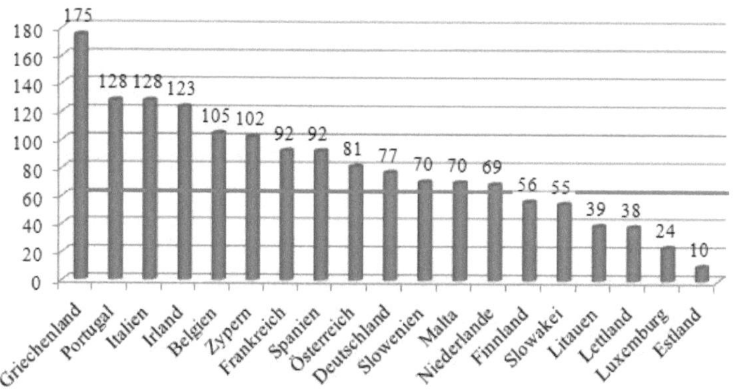

Abbildung 1:
Schuldenstandsquoten der Euroländer zum Jahresende 2013 (in % des BIP)
Gerundet auf volle Prozentpunkte.
Quelle: Eurostat (2015a)

Obwohl die Fundamentaldaten vieler Volkswirtschaften schon im Vorfeld der Finanzkrise vor den hausgemachten Problemen warnten, wurden sie über Jahre konsequent von den Regierungen und dem Finanzmarkt ignoriert. Die Ausgaben von Griechenland, Portugal und teilweise auch Italien lagen chronisch über ihren Einnahmen. Verschwendung war auch das Problem Zyperns nachdem die Kommunistische Regierung 2008 gewählt wurde. Die Probleme Irlands und Spaniens resultieren hingegen hauptsächlich aus dem Versuch ihren Bankensektor zu stützen, der durch den Niedergang der Immobilienpreise enorm geschwächt wurde (Lothian (2014)).

Dass es überhaupt erst zu einer Immobilienblase und der hohen Verschuldung in der Peripherie kommen konnte, lag auch an den negativen Realzinsen. Die einheitliche Zinspolitik der EZB traf vor der Finanzkrise auf höchst unterschiedliche Inflationsraten der jeweiligen Mitgliedsländer. Während das Zinsniveau für die Kernländer angemessen erschien, war es für die Peripherieländer aufgrund ihrer höheren Inflation und ihres höheren Wirtschaftswachstums zu locker. Die

Immobilienpreise in Irland und Spanien stiegen folglich schneller als die Finanzierungskosten und befeuerten damit den kreditfinanzierten Konsum (Lothian (2014)). Unterstützt wurde die hohe Kreditnachfrage durch die Kapitalmobilität, die zwischen 1990 und 2008 in Europa anstieg und sich während der Finanzkrise schlagartig reduzierte (Choudhry, Jayasekera und Kling (2014)). Die Entwicklung der Leistungsbilanzen zeugt ebenfalls von den großen Unterschieden der inländischen Nachfrage in Europa. Deutschland konnte seine Leistungsbilanz verbessern, weil die inländische Nachfrage langsamer wuchs als die der anderen Euroländer. Gleichzeitig wuchsen Spanien, Irland und Griechenland schneller als der Rest (Brender, Pisani und Gagna (2012)). In der Folge entstanden große Bestände an Auslandsschulden, die sich Mitte 2013 in Zypern, Portugal, Irland und Griechenland auf weit über 100% des BIP beliefen. Italien hatte mit 27,8% des BIP erstaunlich niedrige Auslandsschulden (Deutsche Bundesbank (2013)).

Milton Friedman äußerte schon im Jahr 2000, dass sich die Unterschiede kumulieren und die Euroländer von nicht-synchronen Schocks beeinträchtigt werden könnten. Die homogene Geldpolitik kann die Probleme der heterogenen Euroländer nicht lösen und bedroht langfristig die Stabilität der Währungsunion (Lothian (2014)).

Ahmad und Fanellis Studie über die Nachhaltigkeit von Staatsfinanzen kam zu dem Ergebnis, dass nur Deutschland, Österreich und Finnland mittelfristig fiskalische Nachhaltigkeit besitzen. Frankreich, Niederlande, Spanien, Portugal und Irland erscheinen schwach nachhaltig und müssen Änderungen ihrer Fiskalpolitik und Strukturreformen einleiten, um eine zukünftige Verschlechterung zu verhindern. Noch drastischere Schritte müssen kurzfristig von Italien und Belgien ergriffen werden, um ihre Schuldenlast zu stabilisieren (Ahmad und Fanelli (2014)). Der Sachverständigenrat zur Begutachtung der gesamtwirtschaftlichen Entwicklung sieht Fortschritte bei den strukturellen Reformen und der Konsolidierung der öffentlichen Haushalte in Irland, Portugal, Griechenland und Spanien. Hingegen haben Italien und Frankreich die Entspannung auf den Finanzmärkten nicht für konsequente Reformen genutzt. Da beide Länder zusammen einen Anteil von 38% an der Wirtschaftsleistung im Euro-Raum besitzen, kann die Schuldenkrise nicht ohne sie gelöst werden. Im Euro-Raum sei die Glaubwürdigkeit der Fiskalregeln noch nicht gesichert (Sachverständigenrat (2014)).

Die Bundesrepublik hat seit ihrem Bestehen eine vergleichsweise geringe Staatsverschuldung, weil die hohen Schulden nach dem 2. Weltkrieg im Inland durch die Währungsreform beseitigt wurden (Milbradt (1975)). Berechnungen des Bund der Steuerzahler kommen zu dem Ergebnis, dass jeder Bundesbürger rechnerisch einen Anteil von 25.358 Euro an den gesamten Staatsschulden zu tragen hat. Die Zuwachsrate der Staatsschulden aus den Kernhaushalten beträgt 173 Euro pro Sekunde (Bund der Steuerzahler Deutschland e.V. (2015)). Trotz kontinuierlich steigender Verschuldung erhöhten sich die Zinsausgaben der BRD nur bis Mitte der 1990er Jahre. Seitdem stagnierten die Zinsausgaben im Durchschnitt, weil die jährlich steigende Verschuldung durch ein fallendes Zinsniveau kompensiert werden konnte (Anselmann (2012)). Gleichwohl stellen Kreditkosten erhebliche Beträge dar. Während 1990 rund 34 Milliarden Euro gezahlt wurden, beliefen sich die Zinskosten der BRD im Jahr 2010 auf rund 62 Milliarden Euro. Dies entsprach einem Anteil von circa fünf Prozent der gesamten Staatsausgaben und elf Prozent der Steuereinnahmen (Anselmann (2012)). Aktuelle Projektionen verdeutlichen, dass die öffentlichen Finanzen der BRD angesichts des demografischen Wandels langfristig nicht tragfähig sind (Sachverständigenrat (2014)). Die Bundesbank empfiehlt daher eine restriktive Haushaltspolitik, die vorhandene Finanzmittel innerhalb der politischen Prioritäten neu aufteilen soll, anstatt die Haushaltsdefizite durch die kontinuierliche Erhöhung der Gesamtausgaben zu vergrößern (Deutsche Bundesbank (2014)).

4.2 Privater Sektor

Vor Ausbruch der Finanzkrise konnte insbesondere in Griechenland, Irland, Spanien und Portugal ein massiver Anstieg der privaten Verschuldung festgestellt werden. Die gemeinsame Währung, die EU Regelung eines freien Kapitalverkehrs und der Glaube an eine effiziente Allokation durch die Finanzmärkte unterstützten die grenzüberschreitenden Bankaktivitäten. Banken aus stabilen Ländern verfünffachten ihr Engagement in den Peripherieländern zwischen der Einführung des Euro und vor Beginn der Finanzkrise. Der Zufluss von günstigem Kapital aus dem Ausland führte zu einem regelrechten Kreditboom (Choudhry und Jayasekera (2014)). 2007 wuchs die Kreditvergabe der Banken im Durchschnitt um 13,6%. Im Jahr 2010 sank sie hingegen um -1,18% und stagnierte 2011 bei 1,3% (Krainer (2014)). In den letzten Jahren änderte sich der Wachstumstrend. Die privaten Haushalte in Spanien, Portugal und Irland profitierten von den gesunkenen Zinsen ihrer variabel verzinsten Kredite und reduzierten die Höhe ihrer Verbindlichkeiten (Deutsche Bundesbank (2013)).

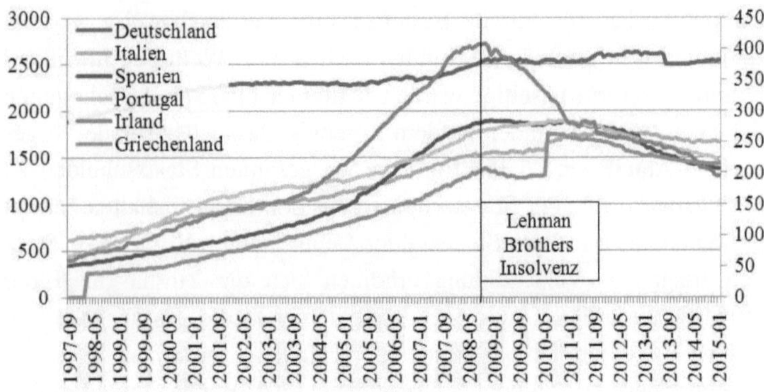

Abbildung 2:

Banken Kreditvergabe an Unternehmen und Privathaushalte im Euroland
Angaben in Milliarden Euro. Linke Skala für Deutschland, Italien und Spanien.
Rechte Skala für Portugal, Irland und Griechenland.
Quelle: EZB (2015)

Spiegelbildlich führen das niedrige Zinsniveau und das schwache Kreditwachstum zu Ertragsproblemen der Wirtschaft und der kreditgebenden Banken (Deutsche Bundesbank (2013)). Koo sieht die Ursache der Staatsschuldenkrise daher im privaten Sektor, dessen Aktiva durch Verluste während der Finanzkrise gesunken ist und er infolgedessen mehr sparen muss, um seine Bilanzen zu reparieren (Koo (2014)). Auch die Studie von Becker und Shabani bestätigt, dass private Haushalte seltener in risikoreiche Aktien oder Anleihen investieren, wenn sie gleichzeitig Kreditnehmer sind (Becker und Shabani (2010)). Diese Risikoaversion kann zum Aufbau von Finanzpuffern gegen negative Schocks dienen, bremst aber gleichzeitig den Konsum und das Wirtschaftswachstum (van Rooij, Lusardi und Alessie (2012)). Der angeschlagene Privatsektor habe schlicht kein Interesse an zusätzlichen Kreditrisiken, sodass die Nullzinspolitik der Notenbanken nicht in der Realwirtschaft ankomme. Wenn Banken, private Haushalte und Unternehmen ihre Ausgaben reduzieren, müsse der Staat ihre Konsumlücke ausfüllen, um das BIP zu stützen und eine Deflation zu verhindern (Koo (2014)). Im Vergleich zu anderen großen Wirtschaftsräumen sei eine solche staatliche Kompensation im Euro-Raum nur partiell zu beobachten (Sachverständigenrat (2014)). Eine verfrühte Konsolidierung der Staatsfinanzen sei kontraproduktiv. Vielmehr solle der Staat solange konsumieren bis der Privatsektor genesen ist und wieder kreditfinanzierte Investitionen tätigt. Erst dann sollte sich der Staat zurückziehen und die gestiegenen Steuereinnahmen zur Schuldenreduzierung nutzen (Koo (2014)). Der staatliche Konsum ist jedoch dann kritisch zu hinterfragen, wenn die Bonität des Staates ebenfalls angezweifelt wird und das Länderrisiko einen zusätzlichen negativen Einfluss auf die Realwirtschaft hat. Gündüz und Kaya entdeckten eine einseitige Kausalität, die Unsicherheiten von den CDS Märkten für Staatsanleihen in erhöhte Aktienmarktvolatilität der Peripherieländer umwandelt (Gündüz und Kaya (2014)). Letztendlich sollten private Ersparnisse wieder für den Konsum eingesetzt werden, um die staatliche Last zu reduzieren. So könnte ein Absenken der privaten Sparquote den staatlichen Konsum ersetzen und damit zum Wirtschaftswachstum und zur Deflationsbekämpfung beitragen (Brender, Pisani und Gagna (2012)).

Ein alternatives Konzept zur Förderung der privaten Kreditvergabe basiert auf der Stimulierung der Aktienmärkte. Der Dow Jones Euro Stoxx Financials Preisindex fiel zwischen 2007 und 2011 um 63%, der allgemeine Dow Jones Euro Stoxx 50 Index im gleichen Zeitraum um 60%. Die Wertentwicklung des Euro Stoxx Financials impliziert, dass die Eigenkapitalkosten von Banken gestiegen waren. Gleichzeitig belegt der Euro Stoxx 50, dass auch der erwartete interne Zinsfuß der kreditfinanzierten Projekte in der Realwirtschaft gesunken war (Krainer (2014)). Mit dem massiven Ankauf von Aktien kann deren Kurs erhöht und damit der implizierte Diskontsatz zur Abzinsung zukünftiger Cash Flows gesenkt werden. Dies würde die Kreditvergabe von Banken an den privaten Sektor attraktiver machen, da die notwendige Mindestverzinsung der herausgegebenen Kredite einfacher zu erreichen wäre (Krainer (2014)). Außerdem senken staatliche Interventionen am Aktienmarkt dessen Volatilität und beruhigen die nervösen Märkte.

5. Auswirkungen auf die Entstehung von Krisen

5.1 Enge Verzahnung von Bank und Staat

5.1.1 Kreditklemmen

Die Globalisierung des Finanzsystems förderte, dass viele europäische Banken in den U.S.-amerikanischen Häusermarkt investierten und daher direkt von dessen Wertentwicklung betroffen waren. Nach dem Platzen der Subprime-Blase bescherten nicht nur wertlose Kreditverbriefungen Verluste, sondern auch das gestiegene Risiko der anderen Vermögenswerte auf der Aktivseite der Bilanz musste in der Abwärtsspirale neu bewertet werden (Choudhry und Jayasekera (2014)). Banken mit hohen Kundeneinlagen verliehen ihre überschüssige Liquidität nicht mehr an andere Kreditinstitute innerhalb des Interbankenmarkts, weil sie die Risiken ihrer Geschäftspartner nicht mehr einschätzen konnten und somit auf zusätzliche Kreditausfallrisiken in den eigenen Bilanzen verzichten wollten (Brender, Pisani und Gagna (2012)). Neben der Kreditvergabe an andere Banken veränderte sich auch die Kreditvergabe an Unternehmen und Privatpersonen im Retail Banking. Schon vor Beginn der Finanzkrise behinderten strukturelle Faktoren wie Unterschiede im Wettbewerb, der Produktheterogenität oder der nationalen Regulierung eine vollstände Konvergenz von Retail Banking Zinssätzen innerhalb aller Euroländer. Diese Zinsunterschiede verstärkten sich mit Ausbruch der Finanzkrise 2008, da ökonomische Unsicherheit, fehlende Geldmarktliquidität und Zweifel an der Solidität europäischer Banken zu höheren Risikoaufschlägen bei Bankkrediten führten. Kapitalflucht in vermeintlich sichere Länder erschwerte insbesondere in den Krisenländern eine Refinanzierung der nationalen Banken und die Kreditversorgung ihrer Kunden (Arnold und van Ewijk (2014)). Die Kombination von drohenden Wertverlusten und Refinanzierungsrisiken könnte Banken zwingen ihr Kreditengagement zurückzufahren, um ihre Bilanz zu heilen (OECD (2012)). Dies ist insofern gefährlich, da Unternehmen im Euroraum stärker von einer Bankfinanzierung abhängig sind als U.S.-Firmen, die direkt den Kapitalmarkt nutzen (Shambaugh (2012)). Auch aufgrund fehlender Wechselkursrisiken ist die europäische Wirtschaft so stark vernetzt, dass eine nationale Kreditklemme internationalen Schaden anrichtet. Die Verknappung von Krediten führt zu weniger Liquidität und steigenden Zinsen für die Realwirtschaft, die folglich europaweit schrumpfen könnte (OECD (2012)).

Um die Gefahr einer Kreditklemme zu verhindern, müsste der Wertverlust von Bank-Aktiva mit einer gleichzeitigen Abschreibung der bankeigenen Passiva einhergehen. Nachranganleihen und Debt-Equity-Swaps ermöglichen Banken ihre aufgenommenen Kredite mit einem Eigenkapital Charakter zu versehen (Mody (2013)). Die Bundesbank schlägt die Einführung von Pflichtwandelanleihen vor, die eine Umwandlung von Fremdkapital in Eigenkapital oder eine prozentuale Kürzung der Gläubigerforderung ermöglichen. Die automatische Verlustabsorption durch private Investoren ermöglicht Banken weiterhin Kredite zu verleihen, obwohl Abschreibungen der Aktiva stattfinden. Trotz dessen, dass die Zusammengehörigkeit von Chancen und Risiken gestärkt und damit auch der Emittent diszipliniert wird, eignet sich der Ansatz nur bedingt eine Systemkrise des Finanzsektors zu lösen (Deutsche Bundesbank (2013)). Letztendlich rekapitalisierte die Staatengemeinschaft ihr Finanzsystem nicht nur um die Banken zu retten, sondern auch um weitere negative Konsequenzen für die Realwirtschaft zu verhindern. Damit konnte der gegenseitigen Abhängigkeit zwischen der Realwirtschaft, dem Bankensektor und dem Staat Rechnung getragen werden.

5.1.2 Bankenrettung

Die Trennung von öffentlichen und privaten Schulden wird in Krisenzeiten unscharf, da Rettungsmaßnahmen und Garantien die Schuldverhältnisse zu einer unübersichtlichen Verflechtung werden lassen (Reinhart und Rogoff (2010a)). Zwischen Oktober 2008 und Juni 2009 erhielten in Deutschland die Aareal Bank, Bayern LB, HSH Nordbank, Hypo Real Estate, IKB, Sachsen LB, Nord LB und die Commerzbank eine Unterstützung durch die Bundesrepublik Deutschland (Molyneux, Schaeck und Zhou (2014)). Die britische Regierung verstaatlichte Northern Rock. Belgien, Frankreich und Luxemburg stützten Dexia, den größten Kreditgeber für Kommunalanleihen, mit 9,2 Mrd. USD. Fortis erhielt 16,4 Mrd. USD von Belgien, den Niederlanden und Luxemburg (Adcock et al. (2014)). Die Stützung europäischer Banken und deren Bad Banks erhöhte den staatlichen Schuldenstand massiv, während Staatsgarantien lediglich Eventualverbindlichkeiten darstellen, die vorerst nicht in die Schuldenstandsquote einfließen. Abbildung 3 belegt die staatlichen Kosten für die Bankenrettung und die hohen Garantie-Risiken für die europäischen Staaten (EZB (2013)).

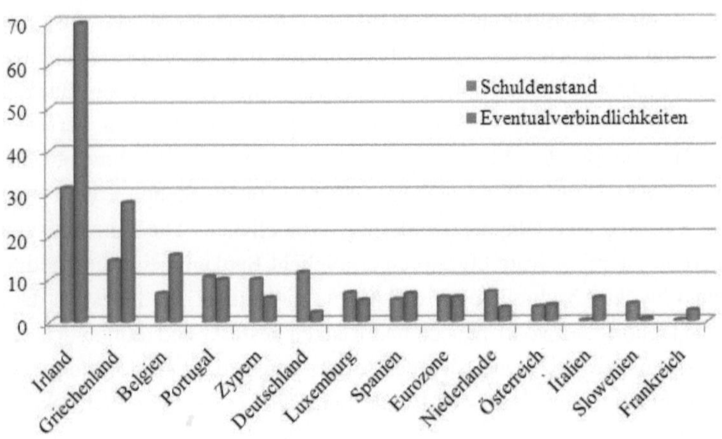

Abbildung 3:
Nettokosten für die Stützung des Finanzsektors 2008 - 2012 (in % des BIP)
Länder absteigend sortiert nach der Summe aus Schuldenstand und Eventualverbind-
lichkeiten.
Quelle: EZB (2013)

Alter und Schüler (2012) untersuchten die Auswirkungen der Bankenrettung
und kamen zu dem Ergebnis, dass die hohen CDS Spreads der Banken sich an-
fänglich auf die CDS Spreads der Staaten übertrugen. Dötz und Fischer (2010)
fanden heraus, dass die Solidität des Finanzsektors eines Landes maßgeblichen
Einfluss auf die Zinsaufschläge von Staatsanleihen hat. Nachdem die Risiken
des Finanzsektors auf den Staat übertragen wurden, kam es zu einer Rückkoppe-
lung. Die hohen CDS Risikoaufschläge von Staatspapieren schwächten folglich
die Qualität der zugesagten Garantien und der Staatsanleihen in den Bankbilanzen (Acharya, Drechsler und Schnabl (2014)). Die CDS Spreads der Länder
wurden zu wichtigen Determinanten der CDS Höhe von Banken (Alter und
Schüler (2012)). Ein Verzicht auf die Rettung von systemrelevanten Banken hätte nicht nur wichtige Geldgeber für Staatsanleihen eliminiert, sondern auch die
Kreditversorgung für die Wirtschaft unterbrochen und die Einlagen ihrer Ge-
schäftskunden vernichtet. Die Gefahr einer Depression hätte neben einem rück-
läufigen Geschäft der Banken auch deren Kreditausfälle erhöht (Shambaugh
(2012)). Ein derartiges Szenario bedroht nicht nur die Steuereinnahmen, sondern
in manchen Ländern sogar die Zahlungsfähigkeit des Staates (Shambaugh
(2012)). Die Rettung des Finanzsystems zu Lasten der Staatsfinanzen machte
die Euroländer jedoch anfälliger für Krisen und verstärkte ihren Risikoverbund
mit den Banken.

5.1.3 Banken als Kreditgeber für die Staatsfinanzierung

<u>Primärmarkt:</u>

Die Staatsanleihen der BRD wurden durch 69 Auktionen im Jahr 2014 ausschließlich an die Mitglieder der Bietergruppe Bundesemissionen versteigert. Das halbjährliche Ranking der aktuell 37 Kreditinstitute ergibt sich aus deren Zuteilungsbeträgen, die nach Kapitalbindungsdauer gewichtet werden. Die jeweilige Bank kann ihre Position im Ranking folglich verbessern, je mehr und je langfristiger sie der BRD Geld leiht. Die Reihenfolge der zehn wichtigsten Investoren lautet Commerzbank, Deutsche Bank, HSBC Trinkaus & Burkhardt, BNP Paribas, Crédit Agricole Corporate and Investment Bank, UniCredit Bank, Barclays Bank, Natixis, Société Générale und Goldman Sachs International Bank (BRD Finanzagentur (2014)).

<u>Sekundärmarkt:</u>

Anhand von Daten der Deutschen Bundesbank konnten die Wertpapierbestände deutscher Banken zwischen dem vierten Quartal 2005 und dem vierten Quartal 2010 ausgewertet werden. Ohne Berücksichtigung blieben Automobilbanken und Töchter ausländischer Kreditinstitute. Zum Ende des vierten Quartals 2010 hielten knapp ein Drittel der deutschen Kreditinstitute, also 554 von 1.762 untersuchten Banken, keine Staatsanleihen. Im Durchschnitt hielten deutsche Banken 4% ihrer Aktiva in Staatsanleihen (Buch, Koetter und Ohls (2013)). Die Anleiheforderungen an den jeweiligen Heimatstaat beliefen sich 2013 im Euroraum auf durchschnittlich 5% der aggregierten Bilanzsumme des heimischen Bankensektors. Italienische und spanische Banken lagen mit 10% und 9% über dem Durschnitt und haben daher einen höheren Risikoverbund mit ihrem Heimatstaat (Deutsche Bundesbank (2013)). Das Wall Street Journal kommt 2015 zu dem Ergebnis, dass die Banken in der Eurozone durchschnittlich 9%, Italiens Banken durchschnittlich 17% und japanische Banken sogar 20% ihrer Aktiva in Staatsanleihen halten (The Wall Street Journal (2015a)).

	Aktiva (Mrd. €)	Staats-anleihen (Mrd. €)	Staats-anleihen (% der Aktiva)	EWU Staats-anleihen (% der Staatsanleihen)	Deutsche Staatsanleihen (% der Staatsanleihen)
Geschäfts-banken	2.859,32	93,95	3,29	99,08	67,85
Öffentliche Banken	2.596,69	92,13	3,55	96,35	85,91
Genossen-schafts-banken	965,58	22,22	2,3	98,96	73,67
Hypotheken-banken	726,01	90,08	12,41	83,72	34,93

Tabelle 2:
Staatsanleihen in den Bilanzen deutscher Bankengruppen
Quelle: Buch, Koetter und Ohls (2013)

89% der untersuchten Hypothekenbanken investierten in Staatsanleihen. Ein Vergleich innerhalb der vier Bankengruppen zeigt, dass Hypothekenbanken den größten prozentualen Anteil ihrer Aktiva in Staatsanleihen fließen lassen, allerdings gegenüber den anderen Bankengruppen den niedrigsten Anteil davon in EWU-Länder und Deutschland investieren. Mit durchschnittlich 10-12 Ländern haben die Hypothekenbanken ihre Positionen in Staatsanleihen am breitesten gestreut. Dies steht in Gegensatz zu den Genossenschaftsbanken, deren Bankengruppe am wenigsten in Staatsanleihen investiert, aber darunter vergleichsweise hohe Bestände an EWU Länder und deutschen Bundeswertpapieren vorweisen kann. Ihr Emittentenrisiko von Staatsanleihen konzentriert sich durchschnittlich auf nur ein Land, während es bei Sparkassen und Geschäftsbanken auf durchschnittlich drei bis vier Länder verteilt wurde (Buch, Koetter und Ohls (2013)). Zusammengefasst gehören Finanzinstitute und Zentralbanken zu den wichtigsten Investoren der BRD. Sie halten circa 90% der 1,1 Billionen Euro deutschen Staatsanleihen (The Wall Street Journal (2015b)).

5.1.4 Wirkung von Staatsanleihen in den Bankbilanzen

Durch den Kauf von Staatsanleihen können Banken die Risiken ihrer Portfolios diversifizieren und bewusst steuern. Staatsanleihen guter Bonität können am Interbankenmarkt als Sicherheit dienen, um Kapital risikofrei zu verschieben. Auch sehr große Summen können problemlos gehandelt und bei Veräußerung oder Hinterlegung in Liquidität getauscht werden. Diese hohe Flexibilität erklärt warum Banken mit hohem Liquiditätsbedarf auch größere Anteile ihrer Aktiva in Staatsanleihen investieren. Im Euroland beheimatete Banken tätigen Carry Trades indem sie sich Kapital zu niedrigen Zinssätzen leihen und dieses in High-Yield-Staatsanleihen investieren, um die Zinsdifferenz zu erwirtschaften. Insbesondere Großbanken, Banken mit hohem Anteil kurzfristiger Refinanzierung und solche mit geringer Eigenkapitalquote tätigen Carry Trades (Buch, Koetter und Ohls (2013)).

Ein signifikanter Vorteil für Banken liegt in dem Kauf von Staatsanleihen der OECD-Mitgliedsstaaten. Basel I regelte 1988, dass sie ein regulatorisches Risikogewicht von 0 % besitzen und Banken somit kein Eigenkapital für diese Staatspapiere vorhalten müssen (Werner (2014)). Dies bevorzugt OECD Staaten im Vergleich zu anderen Kreditnehmern und schafft falsche Investitionsanreize für Banken. Bundesbankpräsident Weidmann empfiehlt daher eine Obergrenze für Investitionen in staatliche Schuldner einzuführen, die ähnlich wie eine Großkreditbeschränkung funktioniert. Des weiteren sollten Staatsanleihen oder Kredite an den Staat entsprechend dessen Risiko mit Eigenkapital unterlegt werden (Börsen-Zeitung (2012)). Auch der Sachverständigenrat spricht sich für eine Abschaffung der regulatorischen Privilegierung von Staatsanleihen aus (Sachverständigenrat (2014)). Neben der Finanzstabilität könnte mit der Abschaffung der Privilegien auch das Kreditangebot an die Privatwirtschaft gefördert werden, da die diesbezügliche Kreditvergabe relativ attraktiver wird (Deutsche Bundesbank (2013)).

Um weitere Verluste während der Finanzkrise zu vermeiden und den Wiederaufbau von Eigenkapital zu unterstützen, stieg die Risikoaversion der Banken und folglich die Investitionen in EWU Staatsanleihen. Obwohl sie von der Eigenkapitalunterlegung befreit waren, erhöhte sich ihr Risiko durch den krisenbedingten Zusammenbruch der Steuereinnahmen sowie die hohen Ausgaben für Konjunkturprogramme und die Bankenrettung. Zusammengefasst lässt sich feststellen, dass Banken genau zu dem Zeitpunkt ihre Bestände an Staatsanleihen erhöhten, als diese zunehmend an Kreditwürdigkeit einbüßten (Choudhry und Jayasekera (2014)). Die gestiegenen Länderrisiken spiegeln sich dadurch auch zunehmend in den Bankbilanzen wieder. Aufgrund der ohnehin hohen Investitionen in Staatsanleihen der Peripherieländer würde deren kompletter Zahlungsausfall auch das Banksystem insolvent werden lassen (Shambaugh (2012)). Acharya und Steffen (2015) beobachteten, dass insbesondere größere Banken riskante Staatsanleihen von Krisenländern halten, da sie bei einer drohenden Insolvenz vermutlich vom Staat gerettet werden. Durch den hohen Verschuldungsgrad von Banken reicht ein Wertverlust von ca. 10% der Aktiva, um das

Eigenkapital aufzubrauchen. Kreditausfälle und Wertverluste von Staatsanleihen haben daher große Auswirkungen auf die Solvenz von Banken (Werner (2014)). Dies erklärt auch, dass eine Erhöhung der CDS Spreads von Staaten zu höheren CDS Spreads von Banken führt (Acharya, Drechsler und Schnabl (2014)). Es birgt eine gewisse Ironie, dass die Bankenrettung durch den Staat letztendlich zu höheren Bonitätsrisiken von Staatsanleihen in den Bankbilanzen geführt hat.

5.2 Enge Verzahnung von europäischen Staaten

5.2.1 EZB

Staatliche Überschuldung und Zahlungsschwierigkeiten können mit einer Erhöhung der Geldmenge und Inflationsrate durch die Zentralbank abgewendet werden (Milbradt (1975)). Die Nachteile einer negativen Realverzinsung würden mit einem niedrigeren Schulden/BIP Verhältnis und einer größeren Rückzahlungswahrscheinlichkeit ausgeglichen werden (Kokert, Schäfer und Stephan (2014)).

Tatsächlich verfolgt die EZB seit Jahren eine ähnliche Strategie, die Geschäftsbanken durch sinkende Leitzinsen, negative Einlagenzinsen und mehr Liquidität zu einer Erhöhung der privaten Kreditvergabe motivieren soll (Börsen-Zeitung (2015b)). Zumindest in kurzfristiger und mittlerer Laufzeit wird die Zinssenkung durch die Notenbank allerdings nicht vollständig an den Endkunden weitergegeben und bleibt somit ein fragliches Mittel zur Erhöhung privater Kredite (Arnold und van Ewijk (2014)). Langfristige LTRO Tender im Umfang von mehr als einer Billion Euro sollten die Banken genauso entlasten wie das Rückkaufprogramm gedeckter Bankanleihen und ABS Kreditverbriefungen. Von Mai 2010 bis Anfang 2012 kaufte die EZB über ihr Securities Markets Programme europäische Staatsanleihen im Volumen von 210 Mrd. Euro am Sekundärmarkt, um die Zinskosten angeschlagener Krisenländer zu reduzieren und eine Finanzierung sicherzustellen (Börsen-Zeitung (2015b)). Da das SMP nur für bestimmte Länder aufgelegt und dessen Durchführung von Strukturreformen abhängig gemacht wurde, kann nicht mehr von Geldpolitik gesprochen werden. Vielmehr ist es ein Indiz, dass sich die EZB dem politischen Druck gebeugt und Teile ihrer Unabhängigkeit aufgegeben hat (Stark (2014)).

Durch ihr im Januar 2015 verkündetes Quantitative Easing wird die EZB bis mindestens Ende September 2016 weitere Anleihen im Gegenwert von circa 1,14 Billionen Euro kaufen, um die langfristigen Zinsen zu senken und so die europäische Wirtschaftsleistung und Inflation zu erhöhen (Handelsblatt (2015)).

Ein Vergleich der durchschnittlichen Zinssätze 1999-2008 mit denen von 2009-2012 macht deutlich wie stark die EZB bisher interveniert hat. Durch die Maßnahmen der Zentralbank spart die BRD rund 68 Mrd. Euro an akkumulierten Zinskosten bis zum Jahr 2022. Alleine für das Jahr 2012 konnten 10 Mrd. Euro aufgrund des gesunkenen Zinsniveaus eingespart werden (Boysen-Hogrefe (2012)). Die gesunkenen Zinsen entlasten überschuldete Länder und nehmen ihnen gleichzeitig den Anreiz ihr Schuldenproblem mit Strukturreformen zu konsolidieren (The Wall Street Journal (2014)).

In der Wirtschaftsgeschichte erwies sich dieses expansive monetäre Umfeld in Verbindung mit starker Fremdkapitalfinanzierung vermehrt als Nährboden für Krisen. Bei Zahlungsausfall des Kreditnehmers fallen auch die Kreditgeber in eine systemrelevante Krise, da Banken und andere Finanzintermediäre traditionell stark verflochten sind (Börsen-Zeitung (2014)). Eine signifikante Beeinflussung langfristiger Zinsen wird zwangsläufig auch Auswirkungen auf die monetäre und finanzielle Stabilität haben (Chadha, Turner und Zampolli (2013)). Niedrige Zinsen verleiten den Finanzsektor dazu beträchtliche Risiken einzugehen (Sachverständigenrat (2014)). Die Gefahren aus einer gegenseitigen Abhängigkeit steigen somit an, da die EZB ganze Staaten und deren Finanzsystem künstlich am Leben erhält und ein Ausstieg aus dieser Politik neue Marktverwerfungen hervorrufen würde (Stark (2014)). Trotz dessen, dass Artikel 125 AEUV die Haftung der EU und seiner Mitgliedsstaaten für Verbindlichkeiten anderer Mitgliedsstaaten ausschließt, ist sie durch den massiven Kauf von Staatsanleihen und den Target 2 Forderungen faktisch Realität geworden. Bei einem Ausfall haften die Mitgliedsstaaten in Höhe ihres EZB-Anteils, d.h. Deutschland mit 27 Prozent (Steinberg und Somnitz (2013)).

5.2.2 EFSF und ESM

Die European Financial Stability Facility wurde im Mai 2010 gegründet, um Euroländer finanziell zu unterstützen, die unter einem hohen Staatsrisiko litten und daher starke Schwierigkeiten mit der Nachhaltigkeit und Refinanzierung ihres Finanzbedarfs hatten. Der EFSF finanzierte seine Aktivitäten aus der Emission von Anleihen, die über Garantien von anderen Ländern der Eurozone abgesichert wurden (OECD (2012)). Durch die Staatsgarantien von zuletzt 780 Milliarden Euro konnte für den EFSF ein Rating von AAA erreicht werden (EFSF (2014)). Um seine Wirkung zu verstärken durfte der Fonds gehebelt werden, im Primär- und Sekundärmarkt von Staatsanleihen intervenieren und Staaten Kredite auszahlen, um deren Finanzsektor zu rekapitalisieren (OECD (2012)).

Solange es sich nur um eine temporäre Illiquidität handelt, kann der verlorene Zugang zum Kapitalmarkt mit kurzfristiger internationaler Hilfe erfolgreich hergestellt werden. Diese Maßnahmen werden jedoch ineffektiv, wenn die Fundamentaldaten der betroffenen Staaten auf eine Insolvenz hinweisen und eine langfristige Erfüllung des Kapitaldiensts als aussichtslos eingeschätzt wird (Schoder (2014)). Auch das Institut der deutschen Wirtschaft Köln kommt zu dem eindeutigen Ergebnis, dass Zahlungen des Euro-Rettungsschirms konsequent eingestellt werden sollten, wenn ein Staat deutlich und nachhaltig gegen das mit einem Hilfspaket verbundene Reformprogramm verstößt (Schuster und Matthes (2015)). Sofern die ausgezahlten Stützungsmaßnahmen und Hilfskredite nicht an den EFSF zurück gezahlt werden, wird auch die Bundesrepublik Deutschland als Garantiegeber und Aktionär an den Verlusten der EFSF S.A. beteiligt (EFSF (2014)). Auch die Ratingagenturen äußerten Bedenken, dass die zugesagten Garantien sich negativ auf die Staatsfinanzen auswirken könnten. Diese zusätzlichen Risiken und potentiellen Zahlungsverpflichtungen wurden vom Kapitalmarkt mit höheren Zinszahlungen auf französische und italienische Staatsanleihen bestraft. Infolgedessen erhöhten sich auch die Finanzierungskosten des EFSF, da die Bonität seiner Garantiegeber letztendlich auch seine eigene Bonität widerspiegelt (OECD (2012)). Ende 2013 betrug das EFSF Emittentenrating nur noch AA durch Standard & Poor's (EFSF (2014)).

Seit Oktober 2012 ist der europäische Stabilitätsmechanismus als dauerhafter Rettungsmechanismus der Euroländer aktiv und löst somit den EFSF ab. Er kann bis zu 500 Mrd. Euro ausleihen und finanziert die Sanierung des Bankensektors in Spanien und das Anpassungsprogramm in Zypern (Deutsche Bundesbank (2013)). Der Sachverständigenrat fordert, dass der ESM in der weiteren Zukunft ein regelgebundenes Verfahren für eine geordnete staatliche Insolvenz entwickelt, um die Einheit von Haftung und Kontrolle in einer zugespitzten Krise wiederherzustellen (Sachverständigenrat (2014)).

5.2.3 Wechselkursproblematik

Die lockere EZB Geldpolitik soll bewusst den Euro schwächen, um die europäische Exportwirtschaft und die damit verbundenen Effekte auf Beschäftigung und Steuereinnahmen zu stützen (The Wall Street Journal (2014)). Daher steigt die Wettbewerbsfähigkeit der Eurozone zu anderen Währungsgebieten ohne sich innerhalb der EWU zu verbessern (Shambaugh (2012)). Auch die Attraktivität der in Euro lautenden Staatsanleihen nimmt dadurch für ausländische Neuinvestoren zu und hilft den europäischen Krisenländern Kreditgeber zu finden.

Ein kontinuierlich an Wert verlierender Euro ist jedoch schlecht für Bestandsinvestoren, da sie bei Umtausch in ihre Heimatwährung Währungsverluste erleiden.

Während die Turbulenzen an den globalen Devisenmärkten im Vergleich zu 2007-2009 zurückgingen, blieb der Euro während der europäischen Staatsschuldenkrise extrem volatil. Zwischen 2010 und 2011 summierte sich der EUR/USD Wechselkurs auf eine dreifache, der EUR/GBP auf eine vierfache und der EUR/CHF sogar auf eine zehnfache Standardabweichung im Vergleich mit den implizierten Volatilitäten zu Beginn der Währungsunion. Eine Studie über die Ursachen der Euro Volatilität konnte den Fundamentaldaten nur geringe Erklärungskraft beimessen. Vielmehr hätten öffentliche Aussagen von Politikern der AAA gerateten Länder über Rettungspakete, die Wahrscheinlichkeit eines Zahlungsausfalls und die Beteiligung des privaten Sektors die Volatilität erhöht. Dieser Effekt verstärkt sich je homogener und negativer sich die AAA Politiker äußern und verliert an Einfluss je unterschiedlicher ihre Aussagen sind. Der frühere EZB-Präsident Jean-Claude Trichet betonte folglich die absolute Notwendigkeit einer verbalen Disziplin und mahnte die unterschiedlichen Regierungen bezüglich komplexer und empfindlicher Krisenthemen mit einer Stimme zu sprechen (Ehrmann et al. (2014)).

Sollte die Angst vor einem Auseinanderbrechen der Währungsunion zunehmen, wird sich das potentiell neu entstehende Wechselkursrisiko innerhalb der Euroländer auch auf die Zinssätze der Kreditfinanzierung auswirken. Insbesondere die Finanzierungen zwischen den Peripherieländern als Kreditnehmer und den Kernländern als Kreditgeber müssten erhebliche Risikoaufschläge und Laufzeitrestriktionen enthalten, um einer Währungsabwertung aufgrund des Euro-Austritts Rechnung zu tragen (Arnold und van Ewijk (2014)).

Zweifelslos verhindert die gemeinsame Währung einige Möglichkeiten zur Problemlösung auf nationaler Ebene (Shambaugh (2012)). Eine einheitliche Geldpolitik in Kombination mit fehlender Wechselkursflexibilität wird innerhalb der 19 heterogenen Euroländer gleichzeitig zu regionalen Booms und Krisen führen (Mody (2013)). Margaret Thatcher lehnte schon 1992 die Einführung einer gemeinsamen Währung ab, weil jeder feste Wechselkurs letztendlich aufbrechen werde. Die Volkswirtschaften in Europa seien unterschiedlich stark entwickelt und würden einer gemeinsamen Währung nicht gerecht werden.

Stattdessen solle Europa stolz auf seine separaten Staaten sein, die gemeinsam kooperieren (Forbes (2013)).

6. Risikomessung der staatlichen Kreditwürdigkeit

6.1 Rating

Die drei U.S. Ratingagenturen Standard & Poor's, Moody's und Fitch bilden mit einem gemeinsamen Marktanteil von über 90% ein klassisches Oligopol. Ratingagenturen sollen eine objektive Einschätzung bereitstellen, um die relative Fähigkeit und Bereitschaft von Kreditnehmern zu beurteilen ihren finanziellen Verpflichtungen nachzukommen (OECD (2012)). Die Bonität eines öffentlichen Emittenten resultiert u.a. aus dem Pro-Kopf-Einkommen, dem BIP Wachstum, der Inflationsrate, dem Budgetdefizit, der Zahlungsbilanz, den Fremdwährungsschulden, der volkswirtschaftlichen Entwicklung und früheren Zahlungsausfällen (Bolte (2005)). Da Unternehmensanleihen unterschiedliche Sicherheiten und Rangfolgen im Falle einer Insolvenz aufweisen können, sollten Investoren auf das Emissionsrating achten. Bei Staatsanleihen, die traditionell nicht besichert sind, reicht das Emittentenrating (Bolte (2005)).

S&P agiert am ehesten als unabhängige Ratingagentur, da sie als erste mit Herabstufungen beginnt und zu vergleichsweise pessimistischen Ergebnissen kommt, um ihre eigene Reputation und Glaubwürdigkeit nicht zu gefährden. Moody's scheint mit der Herabstufung von Ratings relativ lange zu warten, zeigt sich dann aber durch die häufige Abwertung um mehrere Notches besonders entschlossen (Alsakka, ap Gwilym und Vu (2014)). Bei Verbesserungen im Rating reagiert Moody's hingegen als erste der drei Agenturen. Am häufigsten macht Fitch seine Entscheidungen von den Aktionen der anderen Wettbewerber abhängig, indem sie spät auf veränderte Rahmenbedingungen reagieren (Alsakka, ap Gwilym und Vu (2014)). Als kleinste der drei Ratingagenturen ist Fitch's Besonderheit, dass eines seiner zwei Hauptquartiere seinen Sitz in Europa hat und es mehrheitlich einem europäischen Eigentümer gehört (Alsakka, ap Gwilym und Vu (2014)).

Die ohnehin launischen Schwankungen am Kapitalmarkt können durch Maßnahmen der Ratingagenturen sogar prozyklisch verstärkt und zu selbsterfüllenden Prophezeiungen werden. So kann eine bereits eingetrübte Börsenstimmung in Kombination mit einer veränderten Einschätzung des staatlichen Emittentenrisikos zu einem übertriebenen Risikoaufschlag von Staatsanleihen führen. Eine scharfe Herabstufung beeinflusst die Liquidität der betroffenen Anleihen und birgt eine Ansteckungsgefahr für andere Euroländer (OECD (2012)). Neben anderen Euroländern könnten Herabstufungen und negative Ausblicke auch signifikanten Einfluss auf das Bankenrating haben (Alsakka, ap Gwilym und Vu (2014)).

In Zeiten der Euphorie machen Ratingagenturen systemische Typ 1 Fehler indem sie nicht vor Wölfen warnen, die sich im Wald aufhalten. In der Depression warnen sie unaufhörlich vor den Wölfen, während die meisten von ihnen den Wald schon längst verlassen haben. Sie können damit eine zentrale Rolle in der destabilisierenden Dynamik der Finanzmärkte einnehmen (OECD (2012)). Weitere Kritik besagt, dass der Rating Prozess intransparent ist, unterschiedliche Methodik angewandt wird und die Gewichtungen nicht bekannt sind, obwohl die Rohdaten des Staates öffentlich zugänglich sind. Rating Veränderungen finden so spät statt, dass Ratings dem Marktgeschehen folgen anstatt diese anzuführen (Eijffinger (2012)). Bestätigt wird diese Aussage durch einen Vergleich zwischen Standard & Poor's und verschiedenen U.S. Staaten, der die Ratingagentur im Februar 2015 auf eine Zahlung von 1,375 Milliarden USD verpflichtete. S&P ignorierte während der Finanzkrise die Warnung eigener Analysten über eine notwendige Ratinganpassung von verbrieften Krediten. Eine Herabstufung des Ratings wurde vermieden, um die Auftraggeber nicht zu verärgern und negative Konsequenzen für das eigene Geschäft zu verhindern (Bloomberg (2015)). Auch Hau, Langfield und Marques-Ibanez (2013) kommen zu dem Ergebnis, dass Banken ein besseres Rating erhalten, je größer sie sind und je häufiger sie Ratingagenturen mit der Beurteilung von Wertpapieren beauftragen. Dies belegt die massiven Interessenskonflikte von Ratingagenturen, denen andere Risikomessverfahren nicht unterworfen sind.

6.2 Renditen der Staatsanleihen

Zwischen den Anleihen der EWU Staaten gab es vor der Einführung des Euros erhebliche Renditeunterschiede, die länderspezifische Inflations- und Ausfallrisiken Rechnung trugen. Diese unterschiedlichen Risikoaufschläge verschwanden kontinuierlich bis zur Euro Einführung im Jahr 1999 und reflektierten die Einschätzung des Kapitalmarkts, dass alle Euroländer nun das gleiche Ausfallrisiko besitzen oder sich zumindest gegenseitig retten würden (Bessler und Wolff (2014)). Diese Ansicht wird rückwirkend als systematisch falsche Risikoeinschätzung angesehen und belegt, dass der Kapitalmarkt Fehler macht (Grauwe und Ji (2012)). Mit Ausbruch der Finanzkrise im August 2007 korrigierte sich die Bewertung der Marktteilnehmer und folgte Fundamentaldaten wie dem Leistungsbilanzdefizit, staatlichen Investitionen, Inflationsraten und dem öffentlichen Schuldenstand (Oliveira, Curto und Nunes (2012)). Ein gestiegenes Bonitätsrisiko verringert die Wahrscheinlichkeit der ordnungsgemäßen Zins- und Tilgungszahlungen und resultiert folglich in sinkender Nachfrage und erhöhten Risikoaufschlägen der Anleiherenditen (Bolte (2005)). Auch Gruber und Kamin bestätigen den signifikanten Einfluss von steigenden Haushaltsdefiziten und Staatsschulden auf gestiegene Staatsanleihenrenditen (Gruber und Kamin (2012)). Während die südlichen Euroländer massive Renditeanstiege aufgrund ihrer dynamischen Nettoneuverschuldung verzeichneten, blieben die Renditen von Japan, dem Vereinigten Königreich und der USA trotz vergleichbar hohen Defiziten auf einem bemerkenswert niedrigen Niveau (Schoder (2014)). Grauwe und Ji (2012) formulierten daher die These, dass Rentenmärkte in einer Währungsunion anfälliger und zerbrechlicher auf Liquiditätskrisen reagieren als Einzelstaaten mit eigener Währung.

Während die Risikoaufschläge vor der Staatsschuldenkrise unterschätzt wurden und so falsche Anreize zu einer übermäßigen Verschuldung des privaten und staatlichen Sektors erzeugten, führten übertrieben hohe Zinsaufschläge während der Krise zu Solvenzrisiken und tiefen Rezessionen (Grauwe und Ji (2012)). Beispielsweise erforderte der Zinsanstieg zehnjähriger Staatspapiere Griechenlands um 100 Basispunkte ein höheres BIP-Wachstum um mehr als einen Prozentpunkt, um die Verschuldungsquote stabil zu halten. Da dies nicht möglich war, stieg das Schulden/BIP Verhältnis und folglich auch erneut die Refinanzierungskosten von griechischen Staatsanleihen (Brender, Pisani und Gagna (2012)). Die Spirale der selbsterfüllenden Prophezeiungen musste folglich unterbrochen werden, um die Auswirkungen hoher Zinskosten erträglich zu machen (Grauwe und Ji (2012)). Die zinsgünstigen LTRO Geschäfte der EZB wurden von den Banken genutzt, um mehr Staatsanleihen zu kaufen. Die künstlich gestiegene Nachfrage lies die Renditen zweijähriger Staatsanleihen von Spanien und Italien von 6-7% auf unter 3% fallen, obwohl sich die Fundamentaldaten nur vergleichsweise wenig verbesserten (Shambaugh (2012)).

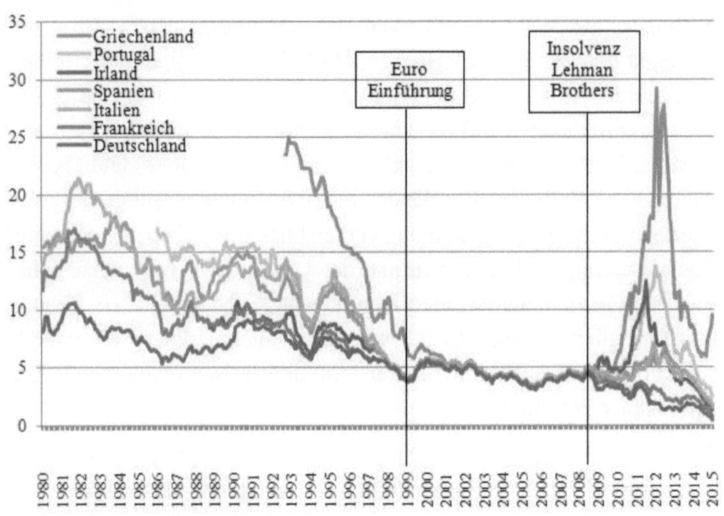

Abbildung 4:

Renditen zehnjähriger Staatsanleihen ausgewählter Euroländer

Angaben in Prozent.

Quelle: Eurostat (2015c)

6.3 CDS Spreads

Beim Credit Default Swap zahlt der Sicherungsnehmer dem Sicherungsgeber eine Prämie in Basispunkten, dass er in Zukunft für eventuelle Verluste entschädigt wird, die durch eine Bonitätsverschlechterung des Emittenten auftreten (Wierichs und Smets (2007)). Die Höhe dieser Prämie zeigt die Ausfallwahrscheinlichkeit des Basiswerts aus Sicht des CDS Käufers, da sie offenlegt welchen Preis der Investor für eine Absicherung zu zahlen bereit ist (Gündüz und Kaya (2013)). Die Zahlung des sogenannten CDS Spreads erfolgt solange bis das Kreditereignis eintritt oder die Fälligkeit des Kontrakts erreicht wird. Sollte der Kreditausfall während der Laufzeit stattfinden, erhält der Sicherungsnehmer z.B. die Differenz zwischen dem Nennwert der Anleihe und ihrem aktuellen Marktwert nach dem Kreditereignis. Seine Verluste werden also vom Sicherungsgeber ausgeglichen (Da Fonseca und Gottschalk (2014)).

Die Anleiherendite des Basiswerts abzüglich des risikofreien Zinses sollte identisch mit dem CDS Spread sein, um Arbitrage zu verhindern (Hull, Predescu und White (2004)). Obwohl CDS nicht nur zum Risikoübertrag, sondern auch zum Relative-Value Trading oder zur Arbitrage genutzt werden könnten, erscheinen Spekulationen von Banken oder Hedge Fonds wenig wahrscheinlich (Gündüz und Kaya (2013)). Tatsächlich kommen einige Studien zu dem Ergebnis, dass der CDS Markt die Anleiherenditen anführt, da Kreditausfallversicherungen die Rating Veränderungen vorab antizipieren und als Marktinstrument die veränderte Risikolage schneller abbilden können. Dies würde auch erklären, warum CDS zu Beginn der Finanzkrise ein höheres Risiko als die zugehörigen Ratings signalisierten (Yang und Morley (2013)).

Eine Aktualisierung der Risikobewertung erscheint sinnvoll, wenn man bedenkt, dass die CDS Spreads von Spanien und Irland vor der Finanzkrise vergleichbar hoch wie die von Deutschland oder Frankreich waren (Gündüz und Kaya (2013)). Zunehmende ökonomische, finanzielle und politische Risiken führten während der Finanzkrise zu einem sprunghaften Anstieg der Spreads für die PIIGS Staaten (Weitzel, Kling und Gerritsen (2014)). Die Preisfindung erfüllt daher die Minimalkriterien für eine schwache Form der Kapitalmarkteffizienz, da CDS Spread Veränderungen nicht aufgrund eines Langzeitgedächtnisses des Kapitalmarkts zu erklären sind, sondern neue Informationen die Risikobewertung aktualisieren (Gündüz und Kaya (2013)). Mit Ausbruch der Staatsschuldenkrise erhöhte sich der Fokus des Finanzmarktes auf Fundamentaldaten zur Risikoeinschätzung von Staaten (Beirne und Fratzscher (2013)). Die Untersuchung von Yang und Morley (2013) zeigte einen signifikanten Zusammenhang zwischen der Entwicklung von Wechselkursen, der Industrieproduktion, des Aktienindex und der Arbeitslosenquote auf Veränderungen der CDS Spreads.

Im Vergleich zu einem Rating haben CDS Spreads und Anleiherenditen den Nachteil, dass ihre Höhe nicht nur durch Fundamentaldaten entsteht, sondern auch durch Angebot und Nachfrage des Marktes bestimmt wird. In Zeiten globaler Risikoaversion können diese Risikoindikatoren daher marktverzerrt sein (OECD (2012)). Gündüz und Kaya bestätigen diese Annahme und kommen zu dem Ergebnis, dass die Volatilität von CDS Veränderungen der Krisenländer Griechenland, Portugal, Irland, Italien, Spanien und Belgien ein historisches Muster wiederholen und die langfristige Unsicherheit zu höheren Risikoaufschlägen führt (Gündüz und Kaya (2013)). Schocks in diesen Ländern bauen sich im CDS Spread nur langsam ab, haben jedoch einen hohen Korrelationskoeffizienten. Hohe Risikoaufschläge eines Landes erhöhen somit die Ansteckungsgefahr für die anderen PIIGS Staaten. Beispielsweise hat Griechenland den höchsten Koeffizienten mit Italien und Spanien, während Spanien einen starken Gleichlauf mit Italien und Portugal aufweist (Gündüz und Kaya (2013)). Des Weiteren können CDS Märkte vereinzelt illiquide sein und ihre Preisbildung daher nicht alle verfügbaren Informationen enthalten (Bessler und Wolff (2014)).

7. Staatliches Schuldenmanagement

7.1 Aufgaben der staatlichen Finanzagenturen

Die Ziele der staatlichen Finanzagenturen sind die Finanzierung des Staates sicherzustellen, die Verschuldungskosten zu minimieren, das Risiko zu begrenzen und den heimischen Kapitalmarkt zu unterstützen. Dabei umfassen ihre Aufgaben neben der Kapitalmarktanalyse auch die Auswahl der Verschuldungsinstrumente. Die Finanzagentur entscheidet über die Emissionstechniken, Gläubigerstruktur, Marktfähigkeit, Art der Verzinsung, Platzierung, Währung sowie Laufzeitenstruktur (Bolte (2005)). Neben der Absicherung des Staatshaushalts gegenüber realen oder finanziellen Schocks unterstützen einige Finanzagenturen ihre Regierungen bei der Erreichung fiskalischer Ziele (Melecky (2012b)).

Milton Friedmann forderte von der staatlichen Schuldenstrukturpolitik Einfachheit, Stabilität, Regelmäßigkeit und Berechenbarkeit (Friedman (1960)). Hierbei sollen standardisierte Anleihen mit vergleichbar hohen Volumen in kurzen Zeitabständen und einem transparenten Prozess versteigert werden (Bolte (2005)). Auch die Offenlegung der Strategie fördert die Berechenbarkeit.

Die Strategie der Schuldenmanager kann entweder nach allgemeinen Richtlinien ausgelegt sein oder sich an einer Benchmark mit quantitativen Kennzahlen orientieren. Richtlinien bestimmen relative Prioritäten zwischen den einzelnen Risikoarten des Schuldenmanagements und geben damit nur indirekt die gewünschte Struktur des Schuldenportfolios vor. Die Kennzahlen einer Benchmark Strategie zeigt hingegen explizit welche Risikostruktur für das optimale Schuldenportfolio anzustreben ist. Sie schränkt die Entscheidungsfreiheit des Schuldenmanagers folglich stärker ein und fördert somit eine bessere Planbarkeit und Glaubwürdigkeit durch die anderen Marktteilnehmer (Melecky (2012b)). Die Wahrscheinlichkeit für eine Benchmark Strategie sinkt für Staaten mit hohem Pro-Kopf Einkommen. Melecky interpretiert daraus, dass entwickelte Staaten mit ausgereiften Kapitalmarkt ein flexibles und diskretionäres Schuldenmanagement bevorzugen (Melecky (2012b)).

7.2 Interessenskonflikte zwischen Emittenten und Investoren

Die Agency Theory beschreibt den Umgang mit Interessenskonflikten, die auftreten, wenn Geschäftspartner unterschiedliche Ziele verfolgen und die Aktivitäten des Agenten nicht oder nur schwer von seinem Prinzipal überwacht werden können (Eisenhardt (1989)). Während Investoren möglichst hohe risikoadjustierte Renditen und uneingeschränkte Informationen über die Aktivitäten des Staates schätzen, möchte der Staat möglichst niedrige Zinsen zahlen und seinen eventuellen Informationsvorsprung nicht aufgeben. Sofern Marktunvollkommenheiten, systematische Erwartungsfehler oder Informationsasymmetrien zwischen Staat und Investoren auftreten, könnten diese Bewertungsdifferenzen durch ein diskretionäres Schuldenmanagement des Staates zu seinen Gunsten ausgenutzt werden. Wenn die Schuldenmanager jedoch nur die gleichen Informationen wie die anderen Marktteilnehmer besitzen, sind diese aktiven Strategien ineffizient (Bolte (2005)). Aufgrund der Schlüsselstellung von Staat und EZB ergibt sich jedoch gegebenenfalls die Chance bessere Vorhersagen zu Fiskalpolitik, Wechselkursen und Zinsen zu treffen als der restliche Markt (Pampel (1993)). Das Potential kurzfristiger Zinskostenersparnisse geht langfristig allerdings zu Lasten staatlicher Reputation, erhöhter Unsicherheit, höherer Volatilität und Risikoprämien, da Marktteilnehmer den gefühlten Betrug mit Zeitverzögerung erkennen und zukünftig höhere Renditen zum Ausgleich fordern werden (Bolte (2005)). Es ist also relevant, ob sich der Emittent nur die kurzfristige, geringstmögliche Verzinsung oder auch eine gute Sekundärmarkt Performance für seine Investoren zum Ziel setzen sollte, um langfristig erfolgreich zu platzieren (Bolte (2005)).

Taylor und Williams (2010) kommen zu dem Ergebnis, dass einfache Regeln und Modelle in der Geldpolitik erstaunlich robust sind und ihre Ergebnisse im Vergleich mit komplexeren Modellen bei einer Vielzahl von Fällen überlegen sind. Eine Ableitung dieser Theorie auf das Schuldenmanagement spricht für eine passive Emissionspolitik. Viele OECD Staaten verfolgen diese, da die kurzfristigen Einsparpotenziale einer aktiven Strategie nur schwer zu messen sind und den langfristigen Effizienzvorteilen einer passiven Strategie unterliegen (Bolte (2005)).

7.3 Risiken der Finanzagenturen

7.3.1 Marktpreisrisiko

7.3.1.1 Ziele und Verhalten des Emittenten

<u>Neugeschäft:</u>

Der Staat profitiert von einem gesunkenen Zinsniveau, da seine zukünftigen Emissionen die durchschnittlichen Finanzierungskosten senken werden (Milbradt (1975)). Um möglichst geringe Zinskosten zu erreichen, wird der Staat in Zeiten niedriger Zinsen mit der Prognose steigender Zinsen mehr langfristige

Wertpapiere ausgeben, um sich die aktuell günstigen Zinskonditionen langfristig zu sichern. Umgedreht wird er bei einem hohen Zinsniveau mit der Erwartung sinkender Zinsen mehr kurzfristige Wertpapiere ausgeben, um seine Flexibilität zu steigern und das Eintreffen des niedrigen Zinsniveaus abzuwarten (Bolte (2005)).

Eine kurzfristige Finanzierung bietet den Vorteil im Gleichlauf mit der Wirtschaftsstärke und den Staatseinnahmen zu atmen. In der Theorie sollte die Notenbank einem aggregierten Nachfrageschock mit einer Senkung der kurzfristigen Zinsen begegnen, um letztendlich eine gesunde Preissteigerung zu unterstützen. Während die Steuereinnahmen des Staates bei einem aggregierten Nachfrageschock sinken, fallen bei einer variablen Geldmarktfinanzierung auch dessen Zinskosten. Die kurzfristige Staatsfinanzierung in Zeiten von Nachfrageschocks wirkt daher stimulierend auf die Varianz des Haushalts und reduziert das Risiko eines Defizits (Georges (2006)).

Diese aktive Laufzeitstrategie kann destabilisierend wirken, da eine hohe Konzentration auf das kurze Laufzeitende das Zinsrisiko und die Refinanzierung erschwert (Bolte (2005)). Dies gilt umso mehr, je volatiler die kurzfristigen Zinsen schwanken (Missale, Giavazzi und Benigno (2002)). Da der Staat an planbaren Ausgaben interessiert ist und er ein ungewolltes Haushaltsdefizit aufgrund unerwartet gestiegener Zinskosten vermeiden möchte, kann er sich in seiner Risikoaversion für eine längere Zinsbindung entscheiden (Georges (2006)). Auch bei Inflationsschocks verbessern lange Laufzeiten die negative Kovarianz zwischen Zinskosten und Steuereinnahmen und helfen so das Risiko von stark steigenden Zinsen und Haushaltsdefiziten zu reduzieren (Georges (2006)).

<u>Bestandsgeschäft:</u>

Bei Preisanomalien in einer sehr steilen Zinskurve kann es für den Staat sinnvoll sein hoch verzinste, lang laufende Staatsanleihen zu kaufen und den Kauf mit der Emission niedrig verzinster, kurz laufender Anleihen zu finanzieren (Bolte (2005)). Normalerweise ist dies ein Nullsummenspiel, da niedrigere Finanzierungskosten der Neuemissionen durch Kursverluste der Altbestände bei Fälligkeit ausgeglichen werden (Bolte (2005)). Die Chance langfristiger Zinsersparnisse geht folglich zu Lasten einer höheren Nominalverschuldung (Ejsing, Elmadag und Blommestein (2012)). Der Rückkauf bzw. Anleihetausch ergibt jedoch Sinn, wenn die Kurse der langfristigen Anleihen unter ihrem fairen Wert gehandelt, also übertriebene Renditen gefordert werden. Wenn das Kaufvolumen dieser Arbitrage groß genug ist, werden die Kurse der langfristigen Anleihen durch die gestiegene Nachfrage steigen, die Renditen folglich sinken und sich ein neuer fairer Preis einstellen. Sollte der Staat diese langfristigen Anleihen noch vor Fälligkeit wieder an der Markt verkaufen, profitiert er zusätzlich von den eingenommenen Kursgewinnen (Bolte (2005)).

Abgesehen von Preisanomalien kann der Staat seine Zinskosten reduzieren, wenn er Haushaltsüberschüsse nutzt, um in Zeiten eines hohen Zinsniveaus seine langlaufenden Anleihen zurückzukaufen. Sofern diese Anleihen mit einer geringeren Nominalverzinsung ausgestattet sind als das aktuelle Zinsniveau, sinkt ihr Kurs und der Staat kann seine Schulden unter pari zurück kaufen (Papaioannou (2011)).

7.3.1.2 Ziele und Verhalten der Investoren

<u>Bestandsgeschäft:</u>

Investoren im Bestandsgeschäft erfreuen sich über ein gesunkenes Zinsniveau, da sie die höhere Rendite zum Kaufzeitpunkt bis zur Fälligkeit konserviert haben und bei einem Verkauf vor Fälligkeit von den gestiegenen Kursgewinnen profitieren. Steigende Zinsen bescheren den Bestandsinvestoren hingegen Kursverluste bei Verkauf vor Fälligkeit. Sollten sie keine Verluste realisieren wollen, müssten sie ihre Anleihen bis zur Fälligkeit halten und damit eine niedrigere Rendite als das aktuelle Zinsniveau akzeptieren.

<u>Neugeschäft:</u>

Investoren im Neugeschäft werden sich genau gegensätzlich zum Staat verhalten und ihr Kapital langfristig anlegen, wenn das Zinsniveau hoch ist. Neuemissionen in einem niedrigen Zinsniveau verlieren für sie an Attraktivität.

Der Spread zwischen langfristigen und kurzfristigen Renditen eines Emittenten dient den Investoren nicht nur zur Einschätzung der Zinsentwicklung, sondern auch als Marktschätzer für dessen Kreditwürdigkeit und zukünftige Inflationsraten (Missale, Giavazzi und Benigno (2002)). Sofern von weiter fallenden oder stagnierenden Zinsen ausgegangen wird, kann es für sie dennoch sinnvoll sein in langfristige Staatsanleihen zu investieren, um sich das aktuelle Zinsniveau zu sichern und die Laufzeitprämie einzunehmen.

7.3.2 Refinanzierungsrisiko

7.3.2.1 Ziele und Verhalten des Emittenten

Das Refinanzierungsrisiko beschreibt das Risiko des Staates die Fälligkeit seiner alten Anleihen nicht oder nur zu sehr teuren Konditionen in neue Kredite überleiten zu können (Papaioannou (2011)). Dieses Roll-Over ist mit Zinsrisiken verbunden, die von der Unvorhersehbarkeit der Märkte und einem hohen Haushaltsdefizit erschwert werden können. Refinanzierungsrisiken steigen, wenn mehrere Kredite mit großen Volumen auf das selbe Fälligkeitsdatum konzentriert werden (OECD (2012)). Rodrik und Velasco (1999) warnen vor einer einseitig kurzfristigen Refinanzierung, da diese die Gefahr einer staatlichen Illiquidität und Krise fördere. Emittiert der Staat Wertpapiere mit kurzer Restlaufzeit hat er einen stärkeren Anreiz diese Kredite zurück zu zahlen, um sich nicht die Chance auf zukünftige Anschlusskredite zu nehmen (Arellano und Ramanarayanan (2012)).

Bei der Erwartung hoher Marktvolatilität und zukünftiger Krisen könnte der Staat sein Refinanzierungsrisiko senken indem er rechtzeitig mehr Kredite aufnimmt als er aktuell benötigt. Dieser Finanzpuffer ließe sich gegebenenfalls zu günstigeren Konditionen aufnehmen als während der Krise und senkt seinen Refinanzierungsbedarf in der Zukunft. Bis die Vorfinanzierung zum Einsatz kommt, kann sie temporär in den Rückkauf bestehender Anleihen geparkt werden (Ejsing, Elmadag und Blommestein (2012)).

Sofern der Staat seine Zinszahlungen in die Zukunft verschieben möchte, um seinen Haushalt kurzfristig vom Kapitaldienst zu entlasten, sollten Nullkuponanleihen emittiert werden, die keine regelmäßigen Zinszahlungen vornehmen. Wenn der Staat z.B. bei 95% emittiert und bei Fälligkeit den Nominalbetrag zu 100% zurückbezahlt, entstehen ihm Zinskosten von 5%, die allerdings erst zum Ende der Laufzeit ausgezahlt werden müssen.

7.3.2.2 Ziele und Verhalten der Investoren

<u>Neugeschäft:</u>

Die Emission von Nullkuponanleihen könnte von den Investoren als Warnung interpretiert werden, da die verschobene Zinszahlung auf Schwierigkeiten des Kapitaldienstes hinweist und die Unsicherheit über die Zukunft vergrößert. Die vermuteten Refinanzierungsrisiken könnten zu einer selbsterfüllenden Prophezeiung werden.

Investoren könnten eine kurzfristige Finanzierung des Staates als Signal für seine gute Kreditwürdigkeit ansehen. Der Staat wägt sich sicher seine Kreditgeber bei Fälligkeit der kurzfristigen Anleihen mit guten Fundamentaldaten für eine Prolongation überzeugen zu können (Missale, Giavazzi und Benigno (2002)). Anleihen mit kurzer Restlaufzeit bieten zusätzlich den Vorteil, dass sie geringeren Kursschwankungen unterliegen und große Verluste damit unwahrscheinlicher werden. Sollten riskante Staatsanleihen zu Kursverlusten führen, werden Banken tendenziell weniger bereit sein, diese Risiken in ihre Bilanz aufzunehmen und als Primary Dealer für den Staat zu agieren. Damit dürfte sich die Finanzierung des Staates verteuern und die Refinanzierung erschweren (OECD (2012)).

Emittiert der Staat mehr Anleihen als er aktuell benötigt, signalisiert dies den Investoren, dass der Emittent von einer Verschlechterung seiner zukünftigen Refinanzierungsmöglichkeiten ausgeht (Ejsing, Elmadag und Blommestein (2012)). Ähnlich wie bei den Nullkuponanleihen könnte das erhöhte Misstrauen und die gesunkene Investitionsbereitschaft der Investoren zu einer selbsterfüllenden Prophezeiung werden.

7.3.3 Liquiditätsrisiko

7.3.3.1 Ziele und Verhalten des Emittenten

<u>Bestandsgeschäft:</u>

Das Liquiditätsrisiko beschreibt das Risiko des Staates die notwendige Summe zum gewünschten Zeitpunkt nicht als Kredit aufnehmen zu können, da ein Teil des Marktes nicht ausreichend liquide ist (OECD (2012)). Schocks führen zu einem Rückgang der Liquidität im Finanzsystem und ermöglichen Krisen sich über den Liquiditätskanal auszubreiten (Petmezas und Santamaria (2014)). Ein Anzeichen hierfür ist ein großer Spread zwischen Geld- und Briefkurs des entsprechenden Wertpapiers. Die Liquidität eines Marktes wird maßgeblich von dessen Wertentwicklung in der jüngsten Vergangenheit beeinflusst (Papaioannou (2011)).

Staaten sind wiederkehrende Emittenten und müssen daher die Sekundärmarkt Liquidität ihrer Wertpapiere fördern, um auch zukünftig kaufbereite Investoren für ihre Emissionen zu finden (OECD (2012)). Beispielsweise könnten Staatsanleihen im Besitz privater Investoren über den Sekundärmarkt zurück gekauft werden, um sie früher als geplant auslaufen zu lassen. Die Interventionen können auf Regeln beruhen oder opportunistischer Natur sein (Papaioannou (2011)).

<u>Neugeschäft:</u>

Die Pflege des Marktpotentials kann durch hohe Transparenz, Berechenbarkeit der Kreditaufnahme und Förderung der Liquidität erreicht werden und gleichzeitig zu sinkenden Emissionsrenditen führen (Rehm (2001)). Beispielsweise kann der Emittent als Benchmark für sein Marktsegment agieren und von der erhöhten Aufmerksamkeit in Form größerer Nachfrage profitieren (Bolte (2005)). Der

hierzu notwendige Emissionskalender schränkt den Staat in seiner Emissionsfle-
xibilität ein und verhindert folglich eine opportunistische Refinanzierung bei
günstigen Zinskonditionen. Andererseits spart sich der Staat erhöhte Kosten
durch die Beauftragung von vielen Primary Dealern, da überraschende
Großemissionen nicht mehr kurzfristig am Markt platziert werden müssen
(Bolte (2005)).

7.3.3.2 Ziele und Verhalten der Investoren

<u>Bestandsgeschäft:</u>

Investoren sind an einer günstigen und leichten Übertragung ihrer erworbenen
Wertpapiere im Sekundärmarkt interessiert. Diese Forderung wird durch börsennotierte Anleihen erfüllt. Obwohl sie dem Emittenten höhere Transaktions-
und Verwaltungskosten im Vergleich zu Schuldscheindarlehen verursacht, eignet sich die Börse, um die Liquidität von Wertpapieren zu erhöhen (Bolte
(2005)).

<u>Neugeschäft:</u>

Ein unvorhersehbares Emissionsverhalten des Staates senkt die Bereitschaft der
Investoren große Summen zu investieren. Die Unsicherheit der aktiven Refinan-
zierungsstrategie kann das Liquiditätsrisiko folglich erhöhen (Bolte (2005)). Investoren bevorzugen hingegen einen transparenten Emissionskalender, um die
eigenen Investitionen frühzeitig auf zukünftige Emissionsdaten und -Volumen
abstimmen zu können (Bolte (2005)).

7.3.4 Kreditrisiko

7.3.4.1 Ziele und Verhalten des Emittenten

<u>Bestandsgeschäft:</u>

Da Ratings die Finanzierungskosten direkt beeinflussen, hat der Emittent einen starken Anreiz sein Rating zu halten oder zu verbessern. Einige Staaten drohten sogar eine EU eigene Ratingagentur zu gründen oder den Rating Prozess von staatlichen Instanzen durchführen zu lassen (Eijffinger (2012)). Die Ratingagentur S&P sah die strengen Ermittlungen des U.S. Justizministeriums wegen falschen Ratingergebnissen in der Finanzkrise nur als Vorwand. In Wirklichkeit sei die Ermittlung eine Reaktion auf die Herabstufung U.S. amerikanischer Staatsanleihen von AAA auf AA+ im Jahr 2011 (Bloomberg (2015)). Die Interessenskonflikte sind offensichtlich und der staatliche Druck auf die Ratingagenturen nimmt zu.

Während Moody's und S&P quasi alle Emissionen raten, wird der Emittent nur ein drittes Rating von Fitch beauftragen, wenn es besser ausfällt und somit das durchschnittliche Ratingergebnis verbessert (Bolte (2005)). Im Vergleich zu den durchschnittlichen Ratings von Moody's und S&P scheint Fitch signifikant bessere Ratings zu vergeben (Jewell und Livingston (1999)). Diese Interessenskonflikte der direkten Beauftragung und Vorteilsnahme könnten umgangen werden indem alle Emittenten am Markt in einen gemeinsamen Pool einzahlen, der sich dann unabhängig entscheidet welche Ratingagenturen beauftragt werden (Welfens (2010)).

Eine Verschlechterung des Kreditrisikos beeinflusst die Zinskosten des Emittenten vorerst nicht direkt, da seine Konditionen bei der Emission festgelegt wurden und sich im Sekundärmarkt nicht mehr für ihn ändern. Die Kursveränderung am Sekundärmarkt beeinflussen jedoch die Zinskosten der zukünftigen Neuemissionen.

<u>Neugeschäft:</u>

Sofern der staatliche Emittent in Krisenzeiten nicht das uneingeschränkte Vertrauen seiner Investoren genießt und folglich um die erfolgreiche Platzierung seiner Emissionen bangen muss, kann er die Wahrscheinlichkeit einer ausreichenden Finanzierung erhöhen indem er kurzfristige Anleihen ausgibt und so das Kreditrisiko in einem überschaubaren Rahmen hält (Chadha, Turner und Zampolli (2013)). Da Kreditrisiken mit zunehmender Laufzeit ansteigen, reduziert der staatliche Emittent durch kurzfristigen Anleihen das Kreditrisiko und macht die Schuldverschreibungen somit für die Investoren attraktiver (Sorge (2004)). Sollte sich die Krise jedoch weiter verschärfen und länger anhalten, muss der Emittent in Zeiten größter Risikoaversion die nun häufigeren Fälligkeiten ersetzen (Chadha, Turner und Zampolli (2013)).

Besitzt der staatliche Emittent hingegen eine hervorragende Bonität kann er sich jederzeit ohne Risikoaufschläge refinanzieren. So musste die BRD mit ihrem AAA Rating trotz der Staatsschuldenkrise nur minimale Zinsen zahlen. Schatzanweisungen sehr geringer Restlaufzeit erzielten sogar negative Umlaufrenditen (Boysen-Hogrefe (2012)). Erstmalig konnte 2015 auch eine fünfjährige Anleihe mit einer negativen Rendite von -0,08% versteigert werden. Von den bisher stattgefundenen 13 Auktionen im Jahr 2015 hatten neun eine negative Emissionsrendite. Die durchschnittliche Emissionsrendite der 13 Versteigerungen lag bei 0,006%. Die teuerste davon betrug lediglich 1,07% für eine 32-jährige Anleihe (The Wall Street Journal (2015a)). Negative Emissionsrenditen führen zu dem untypischen Fall, dass der Staat mit seiner Kreditaufnahme einen Gewinn erzielt. Die Investoren erlassen ihm dabei nicht nur die Kreditzinsen, sondern zahlen ihm sogar eine Prämie für die Verwahrung ihres Geldes.

7.3.4.2 Ziele und Verhalten der Investoren

Je schlechter die Bonität des Emittenten, desto größer die Gefahr eines Zahlungsausfalls. Eine sich verschlechternde Emittentenbonität kann Investoren zum Verkauf ihrer gehaltenen Anleihen motivieren und so den Anleihepreis und ggf. die Spreads am Sekundärmarkt unter Druck setzen.

Diese Gefahr steigt mit zunehmender Laufzeit bzw. Unsicherheit über die Zukunft, sodass Investoren kurzfristige Titel mit überschaubarer Restlaufzeit bevorzugen werden. Sie bleiben dadurch flexibel und haben geringere Kursschwankungen als bei langfristigen Papieren.

Nullkuponanleihen sind problematischer, da sie während der Laufzeit keine Zinsen ausschütten, ihr Kurs daher intensiver auf Zins- und Bonitätsveränderungen reagiert und das gesamte Risiko auf den Rückzahlungstag konzentriert wird. Ihre Duration entspricht exakt der Restlaufzeit.

Eine gerechte Lösung für Investoren und Emittent könnte die Ausgabe von Floatern sein. Je nach Ausgestaltung passt sich ihre Rendite an Veränderungen des Zinsniveaus oder der Emittentenbonität an. Dies gibt Investoren Sicherheit und könnte ihre Investitionsbereitschaft steigern. Die Risiken von schwankenden Zinskosten liegen hierbei allein bei dem Emittenten, der allerdings von sinkenden Zinsen oder einer Rating Verbesserung auch finanziell profitieren könnte.

Die Nachfrage nach Staatsanleihen mit AAA Rating ist steigend (OECD (2012)).

Emittenten mit sehr hoher Bonität werden nicht nur geschätzt, weil sich ihre Wertentwicklung in Krisen vom negativen Markttrend abkoppelt, sondern auch weil sie vom Status als sicherer Hafen profitieren. Die Kapitalflucht in sichere Werte treibt deren Anleihepreise und führt zu Kursgewinne der frühen Investoren (Boysen-Hogrefe (2012)). Angetrieben wird der Trend durch das Quantitative Easing der EZB. Da sie Staatsanleihen gemäß des Kapitalschlüssels kauft und das ausstehende Marktvolumen somit unberücksichtigt bleibt, sind relativ gering verschuldete Staaten mit niedriger Emissionstätigkeit begünstigt. Da Deutschland plant ohne neue Schulden auszukommen, eine relativ geringe Verschuldung vorliegt und die Refinanzierung teilweise über Länderanleihen erfolgt, die nicht im Quantitative Easing inbegriffen sind, sollte die Knappheit der deutschen Staatsanleihen zu besonders starken Kursgewinnen der Investoren beitragen (DZ Bank (2015)).

7.4 Strategien für ein aktives Management

7.4.1 Laufzeitoptimierung anhand der Zinskurve

Wenn keine langfristige Sichtweise mit der Prognose fallender oder steigender Zinsen vorgenommen wird, ist bei einer normalen Zinsstruktur die kurzfristige Schuldfinanzierung immer am kostengünstigsten (Bolte (2005)). Andererseits erscheint es nur in Hochzinsphasen sinnvoll sich kurzfristig oder variabel verzinslich zu verschulden, um Zinskosten zu sparen. In Niedrigzinsphasen sei hingegen eine langfristige oder festverzinsliche Kreditstruktur anzustreben, um das niedrige Zinsniveau festzuschreiben und das Risiko zu senken (Bolte (2005)).

Die Höhe der durchschnittlichen Laufzeit bzw. Fälligkeitsstruktur von Staatsanleihen ist ein üblicher Indikator zum Einschätzen des Roll-Over Risikos. Ein Land mit einer langen durchschnittlichen Restlaufzeit seiner Kredite ist weniger akut von einem Anstieg des Zinsniveaus bzw. der erhöhten Risikoaufschläge betroffen (OECD (2012)). Des Weiteren schwanken langfristige Zinsen weniger intensiv als kurzfristige Zinssätze (Arellano und Ramanarayanan (2012)).

Einige OECD Länder mit guten Fundamentaldaten verkürzten bewusst die durchschnittliche Laufzeit ihrer Anleihen, um von den niedrigeren Zinsen zu profitieren. So wurden norwegische Staatsanleihen 2010 bereits nach durchschnittlich zwei Jahren getilgt. Die längste durchschnittliche Laufzeit innerhalb der OECD hat das Vereinigte Königreich mit 14 Jahren (OECD (2012)). Gaber,

Gruevski, und Gaber (2013) sprechen sich für ein Abwägen zwischen dem Refinanzierungsrisiko und der Zinskostenreduzierung aus und empfehlen eine Zinsbindung von 5 Jahren.

Eine Studie der Commerzbank für den Zeitraum 1974 bis 2000 untersuchte den Finanzierungsvorteil einer kurzfristigen 3-Monats Finanzierung am Geldmarkt gegenüber den langfristen Zinskosten von zehnjährigen Bankschuldverschreibungen (Frankfurter Allgemeine Zeitung (2001)). Für Daueremittenten wie die BRD empfehle sich die Laufzeit der Kredite so kurz wie möglich zu halten, da der Ersatz einer zehnjährigen Anleihe durch fünf zweijährige Anleihen durchschnittlich 0,95% p.a. an Zinskosten einspare. Bei einer Umwandlung von 10 jährigen Anleihen in eine reine Geldmarktfinanzierung könnten über den Betrachtungszeitraum durchschnittlich 1,4% pro Jahr gespart werden. Im besten Jahr hätte die BRD mit einer 3-Monats Finanzierung 7,29% weniger und im schlechtesten Jahr 7,09% mehr bezahlt (Müller, Rieger und Welge (2001)).

Chadha, Turner und Zampolli (2013) kommen zu dem Ergebnis, dass eine Verkürzung der durchschnittlichen Laufzeit von U.S. Bundesschulden um einen Monat die langfristigen Finanzierungskosten um 12-13 Basispunkte reduziert.

Eine Studie von Georges bestätigte den Vorteil einer kurzfristigen Staatsfinanzierung und belegte, dass der Staat Kanada jährliche 0,1% seines BIP an Zinskosten einsparen könne, wenn der Anteil der langfristigen, festverzinslichen Finanzierung von 64% auf 50% reduziert würde. Gleichwohl steigt das Risiko, dass die Zinskosten unter normalen Marktverhältnissen vom erwarteten Durchschnitt abweichen. Waren es bei 64% festverzinslicher Finanzierung eventuelle Mehrkosten von nur 0,37% des BIP, steigt die Kostenabweichung auf 0,52% des BIP an, wenn der feste zu variable Anteil der Finanzierung nur noch 50% ausmacht (Georges (2006)).

Georges Annahme über die Kontinuität der einmal gewählten Zinsbindungsdauer und den Verzicht auf eine strategische Zinsprognose scheint auch auf die Bundesrepublik Deutschland zuzutreffen (Georges (2006)). Die gewählte Zinsbindung bewegte sich zwischen 2009 und 2013 immer zwischen 5,8 und 6,5 Jahren (Bundesministerium der Finanzen (2014)).

Eine zu starke Konzentration auf die kurzfristige Refinanzierung des Staates wird bei gleichbleibenden Präferenzen der Investoren zu höheren kurzfristigen Zinsen und sinkenden langfristigen Zinsen führen (Milbradt (1975)). Ein Beispiel hierfür sind die sinkenden langfristigen Zinsen in den Vereinigten Staaten zwischen September 2001 und März 2005 (Chadha, Turner und Zampolli

(2013)). Das Überangebot im kurzen Bereich wird deren Anleihepreise sinken und die Rendite steigen lassen. Gleichzeitig wird die Knappheit lang laufender Wertpapiere zu steigenden Anleihepreisen und niedrigeren Renditen führen. Die kurzfristige Staatsfinanzierung verändert folglich die Zinskurve und lässt sie flacher werden (Georges (2006)). Campbell nennt dies eine selbstzerstörende Strategie, da die erhoffte Zinskostenreduzierung mit einer flachen Zinsstruktur in Frage gestellt werden muss (Campbell (1995)). Dennoch profitiert die Realwirtschaft mit dieser Strategie von sinkenden Zinsen für langfristige Investitionen. In den Vereinigten Staaten erhöhte sich das reale BIP aufgrund gesunkener Laufzeitprämien um 3% zum Jahresende 2013 (Chadha, Turner und Zampolli (2013)).

Die aktuelle Höhe langfristiger Zinsen setzt sich zusammen aus der durchschnittlichen Erwartung über zukünftige kurzfristige Zinssätze und einer Laufzeitprämie. Makroökonomische Krisen oder Finanzkrisen können die Unsicherheit über die zukünftige Entwicklung von kurzfristigen Zinsen vergrößern, den Risikoappetit und die Liquidität von Investoren schmälern und sich daher auch auf die Höhe der langfristigen Zinsen auswirken (Chadha, Turner und Zampolli (2013)). Ergänzend dazu wird die zu starke Konzentration auf eine langfristige Finanzierung das Roll-Over Risiko erhöhen und Investoren motivieren höhere Risikoprämien für langlaufende Staatsanleihen zu fordern (Chadha, Turner und Zampolli (2013)). Obwohl eine Senkung des Zinsänderungsrisikos für den Staat angestrebt wurde, führt eine einseitig lange Refinanzierung zu steigenden langfristigen Zinsen und sinkenden kurzfristigen Zinsen (Milbradt (1975)). Die normale Zinskurve wird damit noch steiler und die Absicherungsstrategie des Staates noch teurer (Chadha, Turner und Zampolli (2013)).

7.4.2 Fremdwährungsemissionen

Wenn das benötigte Kreditvolumen nicht komplett von Investoren aus den Euroländern aufgebracht werden kann oder die inländischen Konditionen zu ungünstig erscheinen, entschließen sich manche Länder einen Teil ihrer Schuldverschreibungen in ausländischen Währungen zu emittieren. Sie erschließen sich damit neue Investoren, die selbst kein Währungsrisiko tragen wollen (Melecky (2012a)). Im Nachgang zur Finanzkrise wurden 2009 tendenziell mehr Fremdwährungsanleihen und weniger indexierte Anleihen emittiert (OECD (2012)). Der Fremdwährungsanteil am Kreditportfolio wird u.a. durch den Wechselkurs, dessen Volatilität und makroökonomische Faktoren beeinflusst (Claessens, Klingebiel und Schmukler (2007)).

Ob Fremdwährungsemissionen geeignet sind die Zinskosten des Staates zu reduzieren, hängt von seiner Prognosegenauigkeit über die zukünftige nominale Zinshöhe in der Fremdwährung und der realisierten Abwertungsrate ab. Der Fremdwährungskredit kann sogar als automatischer Stabilisator gegen ein Haushaltsdefizit dienen, wenn die einheimische Wirtschaftsleistung positiv mit der Abwertung der ausländischen Währung korreliert. In diesem Fall verschlechtert eine sinkende Wirtschaftsleistung zwar die Einnahmen des Staates, allerdings muss dieser auch weniger Euro aufwenden, um seinen Kapitaldienst in der Fremdwährung zu erbringen (Ceccacci, Marchesiani und Pecchi (2007)).

Länder mit Bodenschätze nutzen ihre Fremdwährungskredite als natürlichen Hedge zur Senkung ihres Fremdwährungsrisikos, dass aus dem Verkauf von in U.S. Dollar notierten Rohstoffen resultiert (Habib und Joy (2010)). Sollten ausländische Cash Flows aus dem Anlagevermögen und den Verbindlichkeiten sich nicht gegenseitig aufheben, führt die offene Währungsposition zu einem Wechselkursrisiko für den Staat. Dieses Risiko kann durch hohe Fremdwährungsreserven, eine Intensivierung des internationalen Handels oder Derivate abgesichert werden (Melecky (2012a)). Währungsswaps dienen als Substitut für Fremdwährungsanleihen, da sie den Zahlungsstrom der lokalen Währung in Fremdwährungen umwandeln können (Melecky (2012a)).

Fremdwährungsemissionen ohne Absicherung sind jedoch auch mit Risiken verbunden. Eine Abwertung der eigenen Währung verteuert die Kosten und die Tilgung von Fremdwährungskrediten und kann in Krisenzeiten die Zahlungsfähigkeit des Staates bedrohen. Zinskosten- und Liquiditätsvorteile müssen daher mit den Wechselkursrisiken abgewogen werden.

Eine exzessive Nutzung von Fremdwährungsemissionen kann den Wechselkurs der beteiligten Währungen belasten, den Wert der Währungsreserven vermindern und die Geldpolitik stören (Gaber, Gruevski und Gaber (2013)).

7.4.3 Swaps

Swaps ermöglichen den Schuldenmanagern eine flexible und opportunistische Steuerung des Zinsänderungsrisikos durch den Austausch von fixen zu variablen Zinssätzen (Bolte (2005)). Neben einer Net Present Value Reduzierung des Schuldendienstes können damit Zinszahlungen reduziert, Laufzeiten verändert, Tilgungen neu kalibriert und die Effizienz der Zinskurve verbessert werden (Papaioannou (2011)). Des Weiteren können Zinsswaps zur Vermeidung von Währungsrisiken dienen sofern Kredite in fremden Währungen aufgenommen wurden (Bundesministerium der Finanzen (2014)).

Ohne Zinstauschgeschäfte entspricht das staatliche Zins- und Refinanzierungsrisiko der Fälligkeitsstruktur von Staatsanleihen (Bolte (2005)). Der Staat könnte sich also mit Hilfe seiner Neuemissionen bewusst dazu entscheiden einige Laufzeiten zu verstärken oder in ihrem Volumen auszudünnen, um die gewünschte durchschnittliche Zinsbindung zu erreichen (Papaioannou (2011)). Swaps ermöglichen der BRD die durchschnittliche Restlaufzeit zu verkürzen ohne das Emissionsvolumen der langfristigen Staatsanleihen zu reduzieren und damit deren Benchmark Status zu gefährden. Des weiteren profitiert die BRD beim Wechsel auf die Swap-Zinsstrukturkurve der Banken von deren höherem Kreditrisiko. Dieser Vorteil ist abhängig von der Differenz der durchschnittlichen Kurvensteilheit zwischen der Swapkurve und der Bundkurve (Müller, Rieger und Welge (2001)).

Zum Jahresende 2013 betrug der Bestand der vom Bund abgeschlossenen Zinsswaps 243,8 Mrd. Euro (Bundesministerium der Finanzen (2014)). Die Nutzung von Swaps wird von den staatlichen Schuldenmanager also stark in Anspruch genommen (Bolte (2005)).

7.4.4 Inflationsindexierte Anleihen

Eine Verschuldung durch langfristige Anleihen mit festen Zinskupons bieten dem Staat einen Anreiz seine Schuldenlast durch Inflation zu reduzieren. Um die Unsicherheit einer zukünftigen Inflation auszugleichen, werden Investoren folglich Risikoprämien fordern, die zu einem höheren nominalen Kupon führen. Der Staat kann dieser Angst durch die Emission realwertgesicherter Anleihen entgegenwirken, deren Rendite sich aus einem festen Realzins und der variablen Inflationsrate zusammensetzt (Bolte (2005)). Durch die Realwertsicherung ist das Entwertungsrisiko durch Inflation nicht mehr vorhanden, sodass Investoren geringere Renditen akzeptieren werden und der Staat bei niedriger Inflation seine Zinskosten minimieren kann (Tobin (1978)). Ob inflationsindexierte Anleihen geeignet sind die staatlichen Zinskosten zu reduzieren, hängt folglich von seiner Prognosegenauigkeit der zukünftigen Inflationsrate und des zukünftigen Realzinssatzes ab (Ceccacci, Marchesiani und Pecchi (2007)). Kostenvorteile entstehen tendenziell dann, wenn die erwartete Inflation von den Investoren überschätzt wird und die Gesamtbelastung der Zinszahlung unterhalb des Marktniveaus liegt. Der Staat signalisiert mit der Emission indexierter Anleihen, dass er entgegengesetzt zu den Investoren eine niedrige Inflationsrate erwartet.

Alternativ könnten Anleiheinvestoren kurzfristigen Anleihen, variabel verzinsliche Floater oder Fremdwährungsanleihen kaufen, sofern sie eine hohe Inflation erwarten und von einer intakten Geldpolitik der Notenbank ausgehen (Bolte (2005)).

7.4.5 Eigenhandel im Sekundärmarkt

Der Tausch und Rückkauf von Staatsanleihen soll ausstehende Anleihen kurz vor ihrer Fälligkeit aus dem Markt nehmen, um die Roll-Over Refinanzierungsrisiken zu senken. Beispielsweise reduzierte Dänemark das innerhalb von zwei Jahren fällige Kreditvolumen um durchschnittlich 40%. Finanziert wird diese Vorgehensweise durch die Emission langlaufender Wertpapiere. Diese glätten die unterschiedlich hohen Fälligkeiten innerhalb der nächsten Jahre, verstärken die Liquidität eines schwachen Laufzeitsegments und helfen somit die Finanzierungskosten zu senken. Abhängig davon, welche Laufzeiten zurückgekauft und welche verstärkt werden, können Rückkaufprogramme bewusst die Zinsbindung verändern. Eine alternative Finanzierungsquelle für Rückkaufprogramme sind Überschüsse im Staatshaushalt, die eine Neuemission entbehrlich machen (Ejsing, Elmadag und Blommestein (2012)).

Rückkaufprogramme können aber auch mit Nachteilen verbunden sein.

Manche Bestandsinvestoren werden als Bedingung für ihren Verkauf einen Aufschlag fordern und so das Einsparpotential des staatlichen Rückkaufprogramms schmälern (Ejsing, Elmadag und Blommestein (2012)). Auch lässt sich die Kosteneinsparung aufgrund einer höheren Liquidität nicht exakt bestimmen.

In Bezug auf die Verschuldungshöhe würde das Ergebnis eines Anleihetausch- oder Rückkaufprogramms durch eine Bilanzierung in Marktwerten neutralisiert werden. Da der Staat jedoch seine nominale Verschuldung bilanziert, könnten Rückkaufprogramme in der Rechnungslegung nachteilig erscheinen (Ejsing, Elmadag und Blommestein (2012)). Deutschland nutzt Rückkäufe in ihren täglichen Sekundärmarktoperationen, kündigt diese jedoch nicht an und veröffentlicht keine rückwirkenden Statistiken.

Eine weitere Möglichkeit, um Finanzierungskosten zu senken, liegt im Sekundärmarkthandel von zurückgehaltenen Anleihen. Dieser Teilbestand wurde bei der Auktion vorerst nicht in den Markt gegeben, um spätere Marktbewegungen zu Gunsten des Staates ausnutzen zu können (Bundesministerium der Finanzen (2014)). Sollten sich einzelne Laufzeiten von ihrem fairen Preis entfernen, können Sekundärmarktaktivitäten und eingeräumte Repo Fazilitäten sie auf ihren gerechten Platz innerhalb der Renditekurve zurückführen (Ejsing, Elmadag und Blommestein (2012)). Des Weiteren ermöglicht der Eigenhandel kleine Änderungen des staatlichen Finanzierungsbedarfs auch ohne eine Anpassung der Auktionsplanung vorzunehmen. Käufe und Verkäufe der eigenen Wertpapiere werden somit zur kurzfristigen Liquiditätssteuerung genutzt. Der Eigenbestand des Bundes und seiner Sondervermögen belief sich zum Jahresende 2013 auf 46,7 Mrd. Euro und konzentrierte sich überwiegend auf Bundesanleihen (Bundesministerium der Finanzen (2014)).

7.4.5 Diversifikation der Fremdkapitalgeber

Viele Schuldenmanager haben festgestellt, dass ein großer Kapitalbedarf nur durch eine breite und diversifizierte Investorenbasis abgedeckt werden kann. Die Interessen inländischer als auch ausländischer Investoren finden daher bei der Emission und bei Roadshows immer stärkere Berücksichtigung (OECD (2012)). Beim sogenannten Tailoring werden Anleihen emittiert, deren Eigenschaften von den individuellen Wünschen der institutionellen Investoren bestimmt werden. Durch die erhöhte Nachfrage sollen staatliche Zinskosten minimiert und der Kapitalmarkt vervollständigt werden. Es ist jedoch kritisch zu sehen, ob der Staat mit einer Vielzahl unübersichtlicher Wertpapiere und unregelmäßigen Auktionsterminen effizienter als der Kapitalmarkt agieren kann. Stattdessen könnten auch homogene Wertpapiere emittiert werden, deren Eigenschaften mit Hilfe von Finanzinnovationen durch die Marktteilnehmer selbst umgestaltet werden (Bolte (2005)).

Sofern der Staat speziell Privatpersonen als Investoren gewinnen möchte, müsste er transparente, nicht börsennotierte Schuldtitel mit kurzer Laufzeit, niedriger Stückelung, kleinen Mindestzeichnungsgrößen, geringen Transaktionskosten und keinem Kursrisiko anbieten (Bolte (2005)).

Werner empfiehlt dem Staat sich in Krisenzeiten stärker über klassische Bankkredite anstatt über Anleiheemissionen zu refinanzieren. Da Bankkredite nicht börsengehandelt sind, können spekulative Attacken, Rating Herabstufungen oder übertriebene Marktvolatilität weniger direkten Schaden anrichten. Italien hätte mit niedriger verzinsten Bankkrediten im Jahr 2012 mehrere Milliarden sparen können. Gleichzeitig wird den Kreditinstituten geholfen bessere Jahresergebnisse zu erzielen und dadurch einen Kapitalpuffer aufzubauen. Durch die Basel Vorgaben müssten sie diese Kredite nicht einmal mit Eigenkapital unterlegen und könnten sie als Sicherheit bei der EZB zur eigenen Refinanzierung nutzen. Des Weiteren hätte eine gestiegene Kreditvergabe positive Effekte für die gesamte Volkswirtschaft (Werner (2014)). Es ist jedoch fraglich, ob alle positiven Effekte eintreten würden, da Staatsfinanzierungen zu Klumpenrisiken in

den Bankbilanzen führen. Ihre gegenseitige Abhängigkeit steigt damit an und
die schlechte Bonität des Staates könnte sich negativ auf die Kapitalmarktrefi-
nanzierung der Banken auswirken.

59

8. Kritische Analyse

Grundsätzlich kann festgestellt werden, dass nationale und internationale Vereinbarungen existieren, welche die Höhe der Staatsverschuldung als auch deren Wachstum beschränken sollten. Dies impliziert, dass ein Minimum an fiskalischer Disziplin schon früh als notwendig erachtet wurde, um einer Destabilisierung der europäischen Volkswirtschaften vorzubeugen. Der Anreiz zur Einhaltung des Vertrags von Maastricht entfiel allerdings nach Beitritt zur EWU, da sich die Sanktionsmechanismen als zu schwach herausstellten und ihre Durchsetzung nicht konsequent genug verfolgt wurde. Auch die deutsche Schuldenbremse bietet zahlreiche Schwachstellen, um die Neuverschuldung zu manipulieren und das Gesetz unwirksam zu machen.

Um die Schuldenstandsquote zu verkleinern, müsste der Staat seine Primärausgaben reduzieren, seine Steuereinnahmen erhöhen, das Zinsniveau der Kredite sinken, die Wirtschaft real wachsen oder die Inflation steigen. Die Umsetzung ist mit Zielkonflikten verbunden, da steigende Steuersätze über rückläufige Einkommen, reduzierter Konsum, sinkende Wirtschaftsleistung und vermehrte Steuervermeidung zu niedrigeren Steuereinnahmen führen könnte. Auch die Reduzierung der Staatsausgaben kann die Wirtschaftslage verschlechtern und so letztendlich die Steuereinnahmen senken bzw. zusätzliche Ausgaben für Konjunkturprogramme und die Sozialversicherung erzwingen. Sollte es nicht gelingen von einem realen Wirtschaftswachstum zu profitieren, bleibt nur ein gesunkenes Zinsniveau und eine Erhöhung der Inflation, um die Schuldenstandsquote zu verringern.

Jedoch waren genau diese zwei Faktoren auch die Ursache für die hohe Versschuldung in den Peripherieländern. Schon vor der Finanzkrise war die homogene Geldpolitik der EZB nicht in der Lage die höheren Inflationsraten in der Peripherie zu bekämpfen. Die niedrige Realverzinsung signalisierte den Regierungen in Griechenland, Italien und Portugal, dass die Finanzierung hoher Haushaltsdefizite kein Problem darstellt und gab ihnen indirekt einen Anreiz zur Verschwendung. Um an den rasant steigenden Immobilienpreisen zu partizipieren, verschuldete sich auch der Privatsektor immer stärker im Inland und Ausland. Der Kreditboom fand ein abruptes Ende als Wertverluste, Bonitätsrisiken, Risikoaversion, Kapitalflucht und fehlende Liquidität als Folge der Subprimekrise zu einer Kreditklemme führten. Um eine Kreditvergabe wieder zu ermöglichen, rekapitalisierten die Staaten ihre Banken sowohl mit Kapital als auch mit Garantien und begannen damit den Risikoverbund zwischen Staat und Finanzsystem zu intensivieren. Die Bankenrettung ließ die Defizite und Staatsverschuldung in Zeiten ohnehin niedriger Steuereinnahmen sprunghaft ansteigen und förderte die Angst vor einer staatlichen Zahlungsunfähigkeit. Folglich musste die EZB ihre Zinsen weiter senken und den Markt mit Liquidität fluten, um den staatlichen Schuldendienst zu entlasten und Anreize für eine Kreditvergabe zu schaffen. Trotz des niedrigen Zinsniveaus wurde die angebotene Liquidität vom Privatsektor nicht für Konsum verwendet, da Banken, Unternehmen und Privatpersonen in der Finanzkrise Verluste erlitten und diese durch Schuldenabbau ausgleichen mussten. Die lockere Geldpolitik der EZB kam nicht in der Realwirtschaft an und verhinderte dadurch eine Erholung der Inflationsrate und der Steuereinnahmen. Stattdessen investierten Banken die günstigen EZB Kredite zunehmend in Staatsanleihen, die Erträge generieren ohne Eigenkapital zu binden.

Trotz niedriger Leitzinsen waren insbesondere die PIIGS Staaten mit der Stützung ihres Bankensektors und der Rückzahlung ihrer aufgelaufenen Schulden überfordert. Eine länderübergreifende Unterstützung wurde notwendig, um die Risikoaufschläge der Staatsanleihen zu senken und eine staatliche Insolvenz zu verhindern. Während die Rettungsmechanismen EFSF und ESM mit direkten Hilfskrediten aushalfen, intervenierte die EZB mit dem Kauf von Staatsanleihen. Für Verluste aus diesen Kreditrisiken haftet die Gemeinschaft der Euroländer, sodass einzelne Länderrisiken über die gesamte Eurozone verteilt wurden.

Feste Wechselkurse innerhalb der EWU verhinderten bisher einen Ausgleich nationaler Ungleichgewichte und die Erhöhung der Wettbewerbsfähigkeit. Solange sich also keine nachhaltige Wirtschaftserholung einstellt, leiden Banken unter erhöhten Kreditrisiken, einer stagnierenden Kreditvergabe und fehlenden Erträgen, um ihr Eigenkapital zu stärken. Gleichzeitig bleiben auch die Steuereinnahmen auf niedrigem Niveau und verhindern eine Verbesserung der öffentlichen Haushalte. Die ohnehin enge Verbindung zwischen Wirtschaft, Bank und Staat erhöhte sich seit der Finanzkrise auf nationaler und internationaler Ebene mit der gegenseitigen Beteiligung durch Staatsgarantien, Staatsanleihen und Kredite.

Eine der Hauptursachen für die europäische Staatsschuldenkrise liegt somit in der gemeinsamen Währung, die nationale Lösungen wie Inflation oder eine Wechselkursabwertung verhindert. Die einheitliche Geldpolitik der EZB kann die unterschiedlichen Bedürfnisse aller Euroländer nicht gleichzeitig erfüllen und setzt einigen Ländern somit falsche Anreize für eine übermäßige Verschuldung.

Um die Investitionen in Staatsanleihen der Euroländer besser vergleichen und steuern zu können, bedarf es zuverlässiger Risikoindikatoren. Obwohl die Nutzung von Ratings besonders einfach erscheint, wird ihre Aussagekraft durch Interessenskonflikte, intransparente Prozesse und zeitverzögerte Ratinganpassungen überschätzt. Die Renditen von Staatsanleihen reagieren schneller auf Veränderungen als Ratings und bilden die Ansichten des gesamten Marktes ab. Da Renditen jedoch vom Quantitative Easing der EZB künstlich gesenkt werden können, empfehlen sich CDS Spreads als Risikomesser für liquide Märkte.

Das staatliche Schuldenmanagement hat zahlreiche Möglichkeiten die Finanzierung des Staates sicherzustellen und unter Abwägung von Chancen und Risiken zu optimieren. Beim aktiven Schuldenmanagement versucht der Staat Informationsvorteile auf Kosten seiner Investoren zu nutzen. Das passive Schuldenmanagement verzichtet auf kurzfristige Chancen und setzt stattdessen auf Transparenz und Nachhaltigkeit, um seine Investoren von niedrigen Emissionsrenditen zu überzeugen. Mit der Veröffentlichung eines Emissionskalenders entschied sich die BRD für eine passive Strategie im Primärmarkt und konnte mit der regelmäßigen Emission von 10 jährigen Staatsanleihen sogar einen Benchmark Status erringen. Durch den Eigenhandel zeigt die Finanzagentur nicht nur Interesse an liquiden Bundeswertpapieren sondern auch Anzeichen für ein aktives Schuldenmanagement im Sekundärmarkt. Das vergleichsweise hohe Bestandsvolumen an Swaps und die Emission von inflationsindexierten Anleihen unterstützt diese Vermutung.

Der Abschluss von Finanzierungen mit langer Laufzeit bietet sich an, wenn steigende Zinsen erwartet werden und das aktuell niedrigere Zinsniveau langfristig konserviert werden soll. Kredite mit langer Zinsbindung sind zwar teurer, geben aber Planungssicherheit, verringern somit das Risiko plötzlicher Zinsanstiege zu Lasten eines Haushaltsdefizits und senken letztendlich das Refinanzierungsrisiko.

Sofern der Staat von sinkenden oder stagnierenden Zinsen in der Zukunft ausgeht, sollte er sich in der Gegenwart kurzfristig verschulden. Bei einer normalen Zinskurve kann er damit nicht nur seinen heutigen Zinsaufwand minimieren sondern auch seine Flexibilität für eine spätere Veränderung der Zinsbindung erhalten. Obwohl kurzfristige Zinsen stärker schwanken, erhöhen sie als natürlicher Stabilisator den Gleichlauf zwischen staatlichen Zinsaufwand und Steuereinnahmen. Die Emission kurz laufender Staatspapiere mit sehr guter Bonität signalisiert den Investoren, dass der Staat auch zukünftig von guten Fundamentaldaten ausgeht und ein Roll-Over Risiko daher als vernachlässigbar betrachtet wird. Eine Analyse der durchschnittlichen Rendite zehnjähriger Staatsanleihen zeigt, dass Deutschland im Februar 2012 nur 1,85% zu zahlen hatte während Griechenlands Rendite im gleichen Monat bei durchschnittlich 29,24% lag. Damit kann belegt werden, dass die sehr gute Bonität Deutschlands gerade in Zeiten großer Unsicherheit zu niedrigen Renditen führt und ein Refinanzierungsrisiko faktisch ausgeschlossen werden kann. Dieser Trend sollte sich für Anleihen mit kurzer Restlaufzeit sogar verstärken, da sie die höchste Rückzahlungspriorität durch den Emittent genießen, sie vergleichsweise geringe Kursschwankungen aufweisen und ein mögliches Kreditrisiko innerhalb der Renditestrukturkurve auf ein Minimum reduziert wird. Die negativen Renditen von Bundeswertpapieren mit einer Laufzeit zwischen zwei und fünf Jahren belegen die Kapitalflucht in sichere Wertpapiere. Die Gefahr eines Zinsanstiegs dürfte auch durch die Maßnahmen der Notenbank begrenzt sein. Einerseits hat die EZB in zahlreichen Reden bekräftigt, dass das niedrige Zinsniveau noch für viele Jahre andauern wird. Andererseits müsste sie die Märkte frühzeitig auf einen Zinsanstieg vorbereiten, um keinen neuen Schock zu riskieren (Handelsblatt (2013)). Ein steigendes Zinsniveau wäre kontraproduktiv für die aktuellen Ziele der EZB und würde einer Erholung der Wirtschaft, der Staatsschulden und der Inflationsrate zugegen laufen.

Aus allen bisher aufgeführten Gründen empfiehlt diese Arbeit der Bundesrepublik Deutschland ihre Zinsbindung zu reduzieren. Bedingung hierfür ist die Beibehaltung eines stabilen AAA Ratings. Um den Benchmark Status zehnjähriger Staatsanleihen nicht zu gefährden, empfiehlt es sich ausschließlich Neuemissionen mit einer Laufzeit zwischen 11 und 30 Jahren auszudünnen oder sogar einzustellen. Sofern diese Maßnahmen im Primärmarkt nicht ausreichen, sollte eine zusätzliche Reduktion der Zinsbindung ausschließlich über den Swapmarkt erfolgen. Eine signifikante Senkung des Zinsaufwands kann die öffentlichen Haushalte über Jahre um Milliarden entlasten und somit einen Beitrag zu dringend notwendigen Strukturreformen leisten oder den Abbau der Staatsverschuldung unterstützen. Alle staatlichen Maßnahmen sollten sich dem Ziel unterordnen die Beibehaltung des AAA Ratings sicherzustellen, um von günstigen Finanzierungskonditionen für die gesamte Volkswirtschaft und einer nachhaltigen Stabilität zu profitieren.

9. Schlusswort

Die gemeinsame Euro Währung war immer eine politische Idee und kein rein ökonomisches Projekt (Shambaugh (2012)). Folglich musste das ungleiche Wachstum der unterschiedlichen Euroländer, die untragbare öffentliche Verschuldung einiger Peripheriestaaten sowie die Unvollständigkeit des Europrojekts den Ausbruch einer europäischen Krise begünstigen (Aizenman, Hutchison und Lothian (2013)). Diese Arbeit belegte die komplexe und enge Verflechtung zwischen dem Finanzsystem, den Staaten und ihrer Wirtschaft innerhalb der Eurozone. Eine einfache und schnelle Lösung der Staatsschuldenkrise erscheint unrealistisch. Vielmehr befinden wir uns in einem Prozess anhaltender Destabilisierung, da Länderrisiken nicht isoliert sondern über die gesamte Eurozone verteilt werden. Einerseits wird damit die Heterogenität unter den Mitgliedsländern abgebaut. Andererseits geht diese Annährung jedoch zu Lasten der Länder mit guter Haushaltsführung und begünstigt Staaten mit schlechten öffentlichen Finanzen. Dies kann nicht im Sinne einer nachhaltigen Währungsunion sein, da marktwirtschaftliche Anreize zur Risikoreduzierung ausgehebelt werden und ein mittelfristiges Scheitern des Euros damit realistischer erscheint.

Das operative Schuldenmanagement der Finanzagentur kann einen Beitrag leisten, um die Kosten oder Risiken der Staatsverschuldung zu reduzieren. Eine nachhaltige Lösung der Schuldenprobleme ist jedoch nur durch Strukturreformen möglich, da sie nicht die Wirkung sondern die Ursache der Haushaltsdefizite bekämpfen. Auch die Bundesrepublik Deutschland sollte sich dringend ihren Herausforderungen stellen. Beispielsweise wird der demographische Wandel die staatlichen Gesundheitsausgaben massiv erhöhen (Brender, Pisani und Gagna (2012)). Durch die sinkende Anzahl von Erwerbstätigen reduzieren sich ab 2020 das Wirtschaftswachstum und die Steuereinnahmen (Sachverständigenrat (2014)). Die dadurch höheren Defizite und Schulden müssen durch den Bevölkerungsrückgang von immer weniger Einwohnern finanziert werden. Folglich steigt die Pro-Kopf-Verschuldung selbst bei einem ausgeglichenen Haushalt. Ist diese Kennzahl hoch genug, wird die Schuldentilgung fraglich erscheinen und Deutschland könnte von einer ähnlichen Schuldendynamik wie in Japan oder in den PIIGS Staaten eingeholt werden (Brender, Pisani und Gagna (2012)). Konjunkturelle und strukturelle Krisen können also nur bewältigt werden, wenn in guten Zeiten widerstandsfähige Strukturen geschaffen und fiskalische Puffer aufgebaut werden (Sachverständigenrat (2014)). Von zentraler Bedeutung ist hierbei ein akzeptabler Verschuldungsgrad aller Beteiligten. Schließlich ermöglichten erst die hohen Kredite finanzschwacher Immobilienkäufer den Ausbruch der Subprime-Krise. Der hohe Leverage der Banken transferierte die Immobilienrisiken in eine Finanzkrise und die Überschuldung der Euroländer begünstigte die Weiterentwicklung zu einer Staatsschuldenkrise.

Tomáš Sedláček beschreibt Kredite als eine Zeitreise des Geldes, die uns zwar trotz Mittellosigkeit den Konsum heute ermöglichen, uns aber nicht reicher machen können, weil sie später wieder zurückgezahlt werden müssen. Schuldenfinanziertes Wirtschaftswachstum staut sich daher lange auf und entlädt sich explosionsartig in einer Vertrauenskrise. In den Jahrzehnten vor der Staatsschuldenkrise wurde Stabilität verkauft, um Wirtschaftswachstum zu kaufen. In der Krise sehen wir, dass nun Wachstum geopfert werden muss, um Stabilität zu erwerben. Diese Extreme könnten vermieden werden indem Menschen, Unternehmen und Staaten endlich lernen Maß zu halten und nicht über ihre Verhältnisse zu leben.

Die zukünftige Forschung könnte versuchen die Alternativen einer Staatsentschuldung abzuwägen und den Weg zu identifizieren, der die geringsten negativen Konsequenzen für die Volkswirtschaft hat. Zur Auswahl stünde u.a. ein Schuldenschnitt, der besonders inländische und ausländische Staatsanleihen-Investoren treffen würde. Alternativ kann eine Entschuldung auch über die direkte Enteignung der einheimischen Bevölkerung erfolgen. Dies könnte über Steuererhöhungen, reduzierte Leistungen der Sozialversicherung oder eine hohe Inflation erreicht werden.

Anhang

Mittlere Zinsbindungsfrist ...	2009	2010	2011	2012	2013
... mit Zinsswaps	**5,83**	**5,91**	**6,03**	**6,48**	**6,42**
bis 3 Jahre	0,88	0,86	1,04	1,18	1,21
ab 3 bis 5 Jahre	3,81	3,90	3,87	3,80	3,94
ab 5 bis 10 Jahre	7,35	7,25	7,32	7,38	7,61
ab 10 bis 30 Jahre	20,57	20,69	20,35	20,44	20,99
... ohne Zinsswaps	**6,09**	**6,19**	**6,28**	**6,45**	**6,44**
bis 3 Jahre	0,94	1,01	1,12	1,15	1,22
ab 3 bis 5 Jahre	3,86	3,88	3,88	3,77	3,88
ab 5 bis 10 Jahre	7,20	7,37	7,54	7,45	7,44
ab 10 bis 30 Jahre	21,64	21,60	21,05	20,70	20,61

Tabelle 3:

Zinsbindungsfrist des Bundes und seiner Sondervermögen

Angaben in Jahre. Stichtag der Bestände ist das jeweilige Jahresende.

Quelle: Bundesministerium der Finanzen (2014)

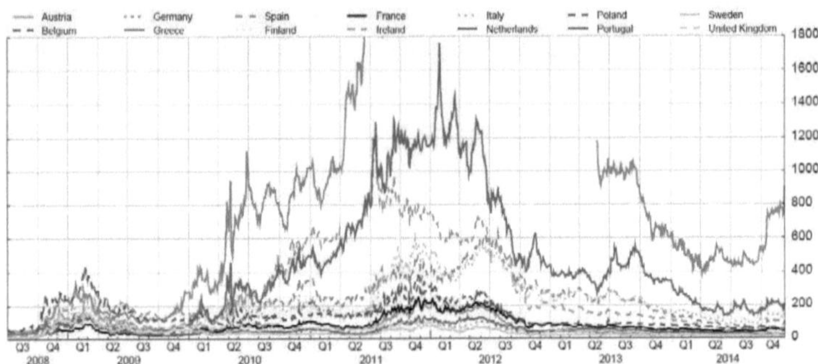

Abbildung 5:

CDS Aufschläge ausgewählter EU Länder

Angaben in Basispunkte für Staatsanleihen mit fünfjähriger Laufzeit.

Quelle: EZB (2014a)

Land	Rendite	Risiko-aufschlag	S&P		Fitch		Moody's	
	10 J.	10 J.	Rating	Ausblick	Rating	Ausblick	Rating	Ausblick
Deutschland	0,30	0,00	AAA	S	AAA	S	Aaa	S
Luxemburg	0,40	0,10	AAA	S	AAA	S	Aaa	S
Niederlande	0,42	0,12	AA+	S	AAA	S	Aaa	S
Österreich	0,44	0,14	AA+	S	AAA	S	Aaa	S
Finnland	0,48	0,18	AA+	S	AAA	S	Aaa	S
Frankreich	0,60	0,30	AA	N	AA	S	Aa1	N
Belgien	0,63	0,33	AA	S	AA	N	Aa3	S
Estland	--	--	AA-	S	A+	S	A1	S
Litauen	--	--	A-	S	A-	S	Baa1	P
Lettland	0,78	0,48	A-	S	A-	S	Baa1	S
Irland	1,12	0,82	A	S	A-	S	Baa1	S
Slowakei	1,21	0,91	A	P	A+	S	A2	S
Slowenien	1,32	1,02	A-	S	BBB+	S	Baa3	S
Malta	1,50	1,20	BBB+	S	A	S	A3	S
Spanien	1,52	1,22	BBB	S	BBB+	S	Baa2	P
Italien	1,56	1,26	BBB-	S	BBB+	S	Baa2	S
Portugal	2,32	2,02	BB	S	BB+	P	Ba1	S
Zypern	6,00	5,70	B+	S	B-	P	B3	S
Griechenland	9,72	9,42	B-	WN	B	N	Caa1	UR

Tabelle 4:

Renditen und Ratings von Staatsanleihen der Eurozone

Länder aufsteigend sortiert nach Höhe der Renditen. Rendite und Risikoaufschlag in Prozent und als Monatsdurchschnitt für Februar 2015. Risikoaufschlag = Spread zu deutschen Staatsanleihen. Ausblick: P = Positiv, S = Stabil, N = Negativ.

Quelle: Eurostat (2015c) und Börsen-Zeitung (2015a)

Literaturverzeichnis

Zeitungsartikel:

Börsen-Zeitung (2012), Silke Stoltenberg und Bernd Neubacher, Weidmann fordert Unterlegung von Staatsanleihen mit Eigenkapital, No 224, 20.11.2012, 1.

Börsen-Zeitung (2014), Isabel Schnabel und Markus Brunnermeier, Spekulationsblasen und Zentralbankpolitik, No 238, 11.12.2014, 2.

Börsen-Zeitung (2015b), dpa-afx, Wie die EZB bisher die Euro-Krise bekämpft hat, No 13, 21.01.2015, 6.

Frankfurter Allgemeine Zeitung (2001), Dyrk Scherff, Bund könnte mit Swaps Zinsen sparen, No 62, 14.03.2001, 34.

Frankfurter Allgemeine Zeitung (2012), Clemens Hetschko, Dominic Quint und Marius Thye, Achtung, Bremsversagen!, No 274, 23.11.2012, 12.

The Wall Street Journal (2014), Brian Blackstone und Todd Buell, ECB Official Signals Stimulus in Early 2015, No 226, 18.12.2014, 5.

The Wall Street Journal (2015a), Paul Davies, Danger for Europe Banks, No 19, 26.02.2015, 28.

The Wall Street Journal (2015b), Christopher Whittall, ECB Faces Challenge in Finding Enough Debt to Buy, No 19, 26.02.2015, 4.

Internetquellen:

AEUV - Vertrag über die Arbeitsweise der Europäischen Union (2013), Artikel 140, Absatz 1. http://dejure.org/gesetze/AEUV/140.html (aufgerufen am 20.12.2014).

AEUV - Vertrag über die Arbeitsweise der Europäischen Union (2015), Artikel 125. http://dejure.org/gesetze/AEUV/125.html (aufgerufen am 20.12.2014).

Bloomberg (2015), S&P Ends Legal Woes Paying $1.5 Billion Fine to U.S., States. http://www.bloomberg.com/news/articles/2015-02-03/s-p-ends-legal-woes-with-1-5-billion-penalty-with-u-s-states (aufgerufen am 04.02.2015).

Börsen-Zeitung (2015a), Länder-Ratings. https://www.boersen-zeitung.de/index.php?li=312&subm=laender (aufgerufen am 18.03.2015).

BRD Finanzagentur (2014), Bietergruppe Bundesemissionen.
http://www.deutsche-
finanzagen-
tur.de/fileadmin/user_upload/pressemeldungen/2014/pm_5_Bietergruppe_1
01214_dt.pdf (aufgerufen am 31.01.2015).

Bund der Steuerzahler Deutschland e.V. (2015), BdSt stellt Schuldenuhr auf das
Tempo 2015 um. http://www.steuerzahler.de/BdSt-stellt-Schuldenuhr-auf-
das-Tempo-2015-um/64986c75244i1p1520/index.html (aufgerufen am
03.02.2015).

Bundesministerium der Finanzen (2014), Bericht des Bundesministeriums der
Finanzen über die Kreditaufnahme des Bundes im Jahr 2013.
http://www.bundesfinanzministerium.de/Content/DE/Downloads/Abt_2/Kr
editaufnahmebericht_2013.pdf?__blob=publicationFile&v=4 (aufgerufen
am 15.02.2015).

Deutsche Bundesbank (2013), Finanzstabilitätsbericht 2013.
https://www.bundesbank.de/Redaktion/DE/Downloads/Veroeffentlichunge
n/Finanzstabilitaetsberichte/2013_finanzstabilitaetsbericht.pdf?__blob=pub
licationFile (aufgerufen am 05.03.2015).

Deutsche Bundesbank (2014), Monatsbericht August 2014.
https://www.bundesbank.de/Redaktion/DE/Downloads/Veroeffentlichunge
n/Monatsberichte/2014/2014_08_monatsbericht.pdf?__blob=publicationFil
e (aufgerufen am 17.03.2015).

DZ Bank (2015), Euro Rentenmärkte.
https://www.dzbank.de/content/dzbank_de/de/home/euro-
rentemaerkte/er_29.01.2015.pdf (aufgerufen am 08.03.2015).

EFSF (2014), Financial Statements, Management Report and Auditor's Report
31 December 2013.
http://www.efsf.europa.eu/attachments/EFSF%20Financial%20Statements3
11213.pdf (aufgerufen am 28.12.2014).

Europäische Kommission (2009), Economic crisis in Europe - Causes, conse-
quences and responses.
http://ec.europa.eu/economy_finance/publications/publication15887_en.pdf
(aufgerufen am 20.03.2015).

Eurostat (2015a), Bruttoverschuldung des Staates - jährliche Daten.
http://ec.europa.eu/eurostat/tgm/table.do?tab=table&init=1&language=de&
pcode=teina225&plugin=1 (aufgerufen am 30.01.2015).

Eurostat (2015b), Defizit/Überschuss, Schuldenstand des Staates.
http://ec.europa.eu/eurostat/tgm/table.do?tab=table&init=1&plugin=1&pco
de=tec00127&language=de (aufgerufen am 22.02.2015).

Eurostat (2015c), Serien von Konvergenzkriterien der WWU - Monatliche Daten.
http://appsso.eurostat.ec.europa.eu/nui/show.do?dataset=irt_lt_mcby_m&la
ng=de (aufgerufen am 18.03.2015).

EZB (2013), ECB Monthly Bulletin June 2013.
https://www.ecb.europa.eu/pub/pdf/mobu/mb201306en.pdf (aufgerufen am
07.01.2015).

EZB (2014a), ESRB Risk Dashboard - December 2014.
https://www.esrb.europa.eu/pub/pdf/dashboard/150105_ESRB_risk_dashb
oard.pdf?c183e6d06f26c441e590df844edb5e49 (aufgerufen am
18.03.2015).

EZB (2014b), Konvergenzbericht Juni 2014.
www.ecb.europa.eu/pub/pdf/conrep/cr201406de.pdf (aufgerufen am
24.01.2015).

EZB (2015), Aggregated balance sheet of euro area monetary financial institutions excluding the Eurosystem: 1.1.3. Other euro area residents.
http://www.ecb.europa.eu/stats/money/aggregates/bsheets/html/outstanding
_amounts_A20.A.U2.2200.en.html (aufgerufen am 12.03.2015).

Forbes (2013), Margaret Thatcher Predicted The Failure Of The Euro In Forbes
October 1992. http://onforb.es/1OM9dMf (aufgerufen am 13.02.2015).

Grundgesetz (2009a), Artikel 109, Absatz 3.
http://dejure.org/gesetze/GG/109.html (aufgerufen am 12.12.2014).

Grundgesetz (2009b), Artikel 115, Absatz 2.
http://dejure.org/gesetze/GG/115.html (aufgerufen am 11.12.2014).

Handelsblatt (2013), „Die Zinsen bleiben lange Zeit niedrig".
http://www.handelsblatt.com/politik/konjunktur/geldpolitik/ezb-chef-
draghi-die-zinsen-bleiben-lange-zeit-niedrig/8446798.html (aufgerufen am
13.03.2015).

Handelsblatt (2015), 1.140.000.000.000 Euro.
http://www.handelsblatt.com/politik/konjunktur/geldpolitik/ezb-liveblog-1-140-000-000-000-euro/11264360.html (aufgerufen am 23.01.2015).

Wriston, Walter B. (1983), Walter Mitty and Financial Data.
http://dl.tufts.edu/catalog/tei/tufts:UA069.005.DO.00217/chapter/c1 (aufgerufen am 01.03.2015).

Wissenschaftliche Artikel und Bücher:

Acharya, Viral, Itamar Drechsler und Philipp Schnabl (2014), A Pyrrhic Victory? Bank Bailouts and Sovereign Credit Risk, The Journal of Finance 69, 2689–2739.

Acharya, Viral V. und Sascha Steffen (2015), The "greatest" carry trade ever? Understanding eurozone bank risks, Journal of Financial Economics 115, 215–236.

Adcock, Christopher, Xiuping Hua, Khelifa Mazouz und Shuxing Yin (2014), Does the stock market reward innovation? European stock index reaction to negative news during the global financial crisis, Journal of International Money and Finance 49, 470–491.

Ahmad, A. H. und Su-ling Fanelli (2014), Fiscal Sustainability in the Euro-Zone: Is There A Role for Euro-Bonds?, Atlantic Economic Journal 42, 291–303.

Aizenman, Joshua, Michael Hutchison und James Lothian (2013), The European Sovereign Debt Crisis: Background and perspectives, overview of the special issue, Journal of International Money and Finance 34, 1–5.

Aldrich, Winthrop W. (1949), The management of the public debt, Journal Of Finance 4, 1–12.

Alsakka, Rasha, Owain ap Gwilym und Tuyet N. Vu (2014), The sovereign-bank rating channel and rating agencies' downgrades during the European debt crisis, Journal of International Money and Finance 49, 235–257.

Alter, Adrian und Yves S. Schüler (2012), Credit spread interdependencies of European states and banks during the financial crisis, Journal of Banking & Finance 36, 3444–3468.

Anselmann, Christina (2012), Auswege aus der Staatsschuldenkrise. Eine Untersuchung verschiedener Optionen anhand historischer Fallbeispiele, Metropolis Verlag, Marburg.

Arellano, Cristina und Ananth Ramanarayanan (2012), Default and the maturity structure in sovereign bonds, Journal of political economy 120, 187–232.

Arnold, Ivo J. und Saskia van Ewijk (2014), A state space approach to measuring the impact of sovereign and credit risk on interest rate convergence in the euro area, Journal of International Money and Finance 49, 340–357.

Becker, Thomas A. und Reza Shabani (2010), Outstanding Debt and the Household Portfolio, Review of Financial Studies 23, 2900–2934.

Beirne, John und Marcel Fratzscher (2013), The pricing of sovereign risk and contagion during the European sovereign debt crisis, Journal of International Money and Finance 34, 60–82.

Bessler, Wolfgang und Dominik Wolff (2014), Hedging European government bond portfolios during the recent sovereign debt crisis, Journal of International Financial Markets, Institutions and Money 33, 379–399.

Bi, Huixin und Nora Traum (2012), Estimating Sovereign Default Risk, American Economic Review 102, 161–166.

Bofinger, Peter (2007), Grundzüge der Volkswirtschaftslehre. Eine Einführung in die Wissenschaft von Märkten, Pearson Studium, München.

Bolte, Florian (2005), Auswirkungen des Schuldenmanagements auf Renditedifferenzen zwischen Anleihen öffentlicher Emittenten des Euro-Währungsgebietes, Verlag Wissenschaft und Praxis, Sternenfels.

Boysen-Hogrefe, Jens (2012), Die Zinslast des Bundes in der Schuldenkrise: Wie lukrativ ist der „sichere Hafen"?, Perspektiven der Wirtschaftspolitik 13, 81–91.

Brender, Anton, Florence Pisani und Emile Gagna (2012), The sovereign debt crisis. Placing a curb on growth, Centre for European Policy Studies, Brussels.

Buch, Claudia M., Michael Koetter und Jana Ohls (2013), Banks and sovereign risk: A granular view, Deutsche Bundesbank Discussion Paper No 29/2013, 1-41.

Campbell, John Y. (1995), Some lessons from the yield curve, Journal of economic perspectives 9, 129–152.

Ceccacci, Silvia, Alessandro Marchesiani und Lorenzo Pecchi (2007), Public debt management and foreign currency denominated bonds, International Journal Of Theoretical & Applied Finance 10, 763–770.

Chadha, Jagjit S., Philip Turner und Fabrizio Zampolli (2013), The ties that bind: monetary policy and government debt management, Oxford Review of Economic Policy 29, 548–581.

Chakrabarti, Avik und Hussein Zeaiter (2014), The determinants of sovereign default: A sensitivity analysis, International Review of Economics & Finance 33, 300–318.

Choudhry, Taufiq und Ranadeva Jayasekera (2014), Market efficiency during the global financial crisis: Empirical evidence from European banks, Journal of International Money and Finance 49, 299–318.

Choudhry, Taufiq, Ranadeva Jayasekera und Gerhard Kling (2014), The Global Financial Crisis and the European Single Market: The end of integration?, Journal of International Money and Finance 49, 191–196.

Claessens, Stijn, Daniela Klingebiel und Sergio Schmukler (2007), Government Bonds in Domestic and Foreign Currency: the Role of Institutional and Macroeconomic Factors, Review of International Economics 15, 370–413.

Da Fonseca, José und Katrin Gottschalk (2014), Cross-hedging strategies between CDS spreads and option volatility during crises, Journal of International Money and Finance 49, 386–400.

Dötz, Niko und Christoph Fischer (2010), What can EMU countries' sovereign bond spreads tell us about market perceptions of default probabilities during the recent financial crisis?, Deutsche Bundesbank Discussion Paper No 11/2010, 1-35.

Ehrmann, Michael, Chiara Osbat, Jan Stráský und Lenno Uusküla (2014), The euro exchange rate during the European sovereign debt crisis – Dancing to its own tune?, Journal of International Money and Finance 49, 319–339.

Eijffinger, Sylvester (2012), Rating Agencies: Role and Influence of Their Sovereign Credit Risk Assessment in the Eurozone, Journal of Common Market Studies 50, 912–921.

Eisenhardt, Kathleen M. (1989), Agency Theory: An Assessment and Review, The Academy of Management review 14, 57–74.

Ejsing, Jacob, Mehmet E. Elmadag und Hans Blommestein (2012), Buyback and Exchange Operations: Policies, Procedures and Practices among OECD Public Debt Manager, OECD Working Papers on Sovereign Borrowing and Public Debt Management, No 5, 1-44.

Escolano, Julio (2010), A Practical Guide to Public Debt Dynamics, Fiscal Sustainability und Cyclical Adjustment of Budgetary Aggregates, International Monetary Fund Technical Notes and Manuals No 10/02, 1-25 .

Friedman, Milton (1960), A program for monetary stability, Fordham University Press, New York.

Gaber, Stevan, Ilija Gruevski und Vasilka Gaber (2013), Public Debt Management, Perspectives Of Innovations, Economics & Business 13, 12–18.

Georges, Patrick (2006), Borrowing Short- or Long-Term: Does the Government Really Face a Trade-off?, Public Finance & Management 6, 206–243.

Grauwe, Paul d. und Yuemei Ji (2012), Mispricing of Sovereign Risk and Macroeconomic Stability in the Eurozone, Journal of Common Market Studies 50, 866–880.

Gruber, Joseph und Steven Kamin (2012), Fiscal Positions and Government Bond Yields in OECD Countries, Journal of Money, Credit and Banking 44, 1563–1587.

Gündüz, Yalin und Orcun Kaya (2014), Impacts of the financial crisis on eurozone sovereign CDS spreads, Journal of International Money and Finance 49, 425–442.

Gündüz, Yalın und Orcun Kaya (2013), Sovereign default swap market efficiency and country risk in the eurozone, Deutsche Bundesbank Discussion Paper No 08/2013, 1-48.

Habib, Maurizio M. und Mark Joy (2010), Foreign-currency bonds: currency choice and the role of uncovered and covered interest parity, Applied Financial Economics 20, 601–626.

Hau, Harald, Sam Langfield und David Marques-Ibanez (2013), Bank ratings: what determines their quality?, Economic Policy 28, 289–333.

Hull, John, Mirela Predescu und Alan White (2004), The relationship between credit default swap spreads, bond yields und credit rating announcements, Journal of Banking & Finance 28, 2789–2811.

Jewell, Jeff und Miles Livingston (1999), A Comparison of Bond Ratings from Moody's S&P and Fitch IBCA, Financial Markets, Institutions and Instruments 8, 1–45.

Kokert, Marius, Dorothea Schäfer und Andreas Stephan (2014), Low base interest rates. An opportunity in the euro debt crisis, DIW Economic Bulletin No 5/2014, 3-13.

Koo, Richard C. (2014), It Is Private, Not Public Finances that Are Out of Whack, German Economic Review 15, 166–190.

Krainer, Robert E. (2014), Monetary policy and bank lending in the Euro area: Is there a stock market channel or an interest rate channel?, Journal of International Money and Finance 49, 283–298.

Lemieux, Pierre (2013), The public debt problem. A comprehensive guide, Palgrave Macmillan, New York.

Li, Lingfeng (2002), Macroeconomic Factors and the Correlation of Stock and Bond Returns, 1–51.

Lothian, James R. (2014), Monetary policy and the twin crises, Journal of International Money and Finance 49, 197–210.

Melecky, Martin (2012), Choosing the currency structure of foreign-currency debt: A review of policy approaches, Journal of International Development 24, 133–151.

Melecky, Martin (2012), Formulation of public debt management strategies: An empirical study of possible drivers, Economic Systems 36, 218–234.

Milbradt, Georg H. (1975), Ziele und Strategien des debt management. Ein Beitrag zur Theorie der optimalen Schuldenstruktur des Staates unter Einbeziehung der Notenbank, Nomos Verlags Gesellschaft, Baden-Baden.

Missale, Alessandro, Francesco Giavazzi und Pierpaolo Benigno (2002), How is the debt managed? Learning from fiscal stabilizations, The Scandinavian journal of economics 104, 443–469.

Mody, Ashoka (2013), Sovereign debt and its restructuring framework in the eurozone, Oxford Review of Economic Policy 29, 715–744.

Molyneux, Philip, Klaus Schaeck und Tim M. Zhou (2014), 'Too systemically important to fail' in banking – Evidence from bank mergers and acquisitions, Journal of International Money and Finance 49, 258–282.

Müller, Peter, Christoph Rieger und Ralf Welge (2001), Finanzierungskosten des Bundes, 1-11.

Nosbusch, Yves (2008), Interest Costs and the Optimal Maturity Structure Of Government Debt, The Economic Journal 118, 477–498.

OECD (2012), OECD Sovereign Borrowing Outlook 2012, OECD Publishing, Paris.

Oliveira, Luís, José D. Curto und João P. Nunes (2012), The determinants of sovereign credit spread changes in the Euro-zone, Journal of International Financial Markets, Institutions and Money 22, 278–304.

Pampel, Ralf (1993), Finanzinnovationen im Debt Management, Deutscher Universitäts Verlag, Wiesbaden.

Papaioannou, Michael G. (2011), Sovereign debt portfolios: risks and liability management operations, Journal of the Asia Pacific Economy 16, 354–360.

Petmezas, Dimitris und Daniel Santamaria (2014), Investor induced contagion during the banking and European sovereign debt crisis of 2007–2012: Wealth effect or portfolio rebalancing?, Journal of International Money and Finance 49, 401–424.

Piekenbrock, Dirk (2002), Gabler Kompakt-Lexikon Volkswirtschaft. 3.500 Begriffe nachschlagen, verstehen, anwenden, Gabler Verlag, Wiesbaden.

Rehm, Hannes (2001), Management der öffentlichen Schuld. Befund, Probleme, Perspektiven, Deutscher Sparkassenverlag, Stuttgart.

Reinhart, Carmen und Kenneth Rogoff (2010a), Growth in a Time of Debt, National Bureau of Economic Research Working Paper No 15639, 1-25.

Reinhart, Carmen M. und Kenneth S. Rogoff (2010b), Growth in a Time of Debt, American Economic Review 100, 573–578.

Rodrik, Dani und Andrés Velasco (1999), Short-Term Capital Flows, 1-34.

Sachverständigenrat zur Begutachtung der gesamtwirtschaftlichen Entwicklung (2014), Mehr Vertrauen in Marktprozesse. Jahresgutachten 2014/15, Statistisches Bundesamt, Wiesbaden.

Schoder, Christian (2014), The fundamentals of sovereign debt sustainability: evidence from 15 OECD countries, Empirica 41, 247–271.

Schuster, Thomas und Jürgen Matthes (2015), Wie soll die Europäische Währungsunion mit reformunwilligen Staaten umgehen?, Institut der deutschen Wirtschaft Köln policy paper No 3/2015, 1-51.

Shambaugh, Jay C. (2012), The Euro's Three Crises, Brookings Papers On Economic Activity, 157–231.

Sorge, Marco (2004), The nature of credit risk in project finance, Bank for International Settlements Quarterly Review December 2004, 91-101.

Stark, Jürgen (2014), Die Unabhängigkeit der Zentralbanken: Ein Mythos?, Zeitschrift für das gesamte Kreditwesen 67, 15–18.

Steinberg, Philipp und Caroline Somnitz (2013), Eurobonds als Baustein einer Fiskalunion. Voraussetzungen und Ausgestaltungsmöglichkeiten unterschiedlicher Varianten, Internationale Politikanalyse der Friedrich-Ebert-Stiftung, 1-15.

Taylor, John und John Williams (2010), Simple and Robust Rules for Monetary Policy, National Bureau of Economic Research Working Paper 15908, 1-50.

Tobin, James (1978), Grundsätze der Geld- und Staatsschuldenpolitik, Nomos Verlags Gesellschaft, Baden-Baden.

Trabandt, Mathias und Harald Uhlig (2011), The Laffer curve revisited, Journal of Monetary Economics 58, 305–327.

van Rooij, Maarten, Annamaria Lusardi und Rob J. Alessie (2012), Financial Literacy, Retirement Planning and Household Wealth, The Economic Journal 122, 449–478.

Weitzel, Utz, Gerhard Kling und Dirk Gerritsen (2014), Testing the fire-sale FDI hypothesis for the European financial crisis, Journal of International Money and Finance 49, 211–234.

Welfens, Paul J. J. (2010), Transatlantic banking crisis: analysis, rating, policy issues, International Economics and Economic Policy 7, 3–48.

Werner, Richard A. (2014), Enhanced Debt Management: Solving the eurozone crisis by linking debt management with fiscal and monetary policy, Journal of International Money and Finance 49, 443–469.

Wierichs, Günter und Stefan Smets (2007), Gabler Kompakt-Lexikon Bank und Börse. 2000 Begriffe nachschlagen, verstehen, anwenden, Gabler Verlag, Wiesbaden.

Yang, Liu und Bruce Morley (2013), Sovereign Credit Ratings, the Macroeconomy and Credit Default Swap Spreads, Brussels Economic Review 56, 335–348.